Autores varios

# Constituciones fundacionales de México

Barcelona **2024**
**Linkgua-ediciones.com**

## Créditos

Título original: Constitucionales Fundacionales del México.

© 2024 Red ediciones S.L.

e-mail: info@linkgua.com

Diseño de cubierta: Michel Mallard.

ISBN rústica: 978-84-96428-96-6.
ISBN ebook: 978-84-9897-167-5.

# Sumario

# Constitución de Apatzingán de 1814

22 de octubre de 1814

DECRETO CONSTITUCIONAL PARA LA LIBERTAD DE LA AMÉRICA MEXICANA, SANCIONADO EN APATZINGÁN A 22 DE OCTUBRE DE 1814

El Supremo Congreso Mexicano deseoso de llenar las heroicas miras de la Nación, elevadas nada menos que al sublime objeto de sustraerse para siempre de la dominación extranjera, y substituir al despotismo de la monarquía de España un sistema de administración que reintegrando a la Nación misma en el goce de sus augustos imprescriptibles derechos, la conduzca a la gloria de la independencia, y afiance sólidamente la prosperidad de los ciudadanos, decreta la siguiente forma de gobierno, sancionando ante todas cosas los principios tan sencillos como luminosos en que pueden solamente cimentarse una Constitución justa y saludable.

I. Principios o elementos constitucionales

## Capítulo I. De la religión

**Artículo** 1.º La religión católica apostólica romana es la única que se debe profesar en el Estado.

## Capítulo II. De la soberanía

**Artículo** 2.º La facultad de dictar leyes y de establecer la forma de gobierno que más convenga a los intereses de la sociedad, constituye la soberanía.

**Artículo** 3.º Ésta es por su naturaleza imprescriptible, inajenable, e indivisible.

**Artículo** 4.º Como el gobierno no se instituye para honra o interés particular de ninguna familia, de ningún hombre ni clase de hombres; sino para la protección y seguridad general de todos los ciudadanos, unidos voluntariamente en sociedad, éstos tienen derecho incontestable a establecer el gobierno que más les convenga, alterarlo, modificarlo, y abolirlo totalmente, cuando su felicidad lo requiera.

**Artículo** 5.º Por consiguiente la soberanía reside originariamente en el pueblo, y su ejercicio en la representación nacional compuesta de diputados elegidos por los ciudadanos bajo la forma que prescriba la Constitución.

**Artículo** 6.º El derecho de sufragio para la elección de diputados pertenece, sin distinción de clases ni países a todos los ciudadanos en quienes concurran los requisitos que prevenga la ley.

**Artículo** 7.º La base de la representación nacional es la población compuesta de los naturales del país, y de los extranjeros que se reputen por ciudadanos.

**Artículo** 8.º Cuando las circunstancias de un pueblo oprimido no permiten que se haga constitucionalmente la elección de sus diputados, es legítima la representación supletoria que con tácita voluntad de los ciudadanos se establezca para la salvación y felicidad común.

**Artículo** 9.º Ninguna nación tiene derecho para impedir a otra el uso libre de su soberanía. El título de conquista no puede legitimar los actos de la fuerza: el pueblo que lo intente debe ser obligado por las armas a respetar el derecho convencional de las naciones.

**Artículo** 10.º Si el atentado contra la soberanía del pueblo se cometiese por algún individuo, corporación, o ciudad, se castigará por la autoridad pública, como delito de lesa nación.

**Artículo** 11. Tres son las atribuciones de la soberanía: la facultad de dictar leyes, la facultad de hacerlas ejecutar, y la facultad de aplicarlas a los casos particulares.

**Artículo** 12. Estos tres poderes Legislativo, Ejecutivo, y Judicial no deben ejercerse, ni por una sola persona, ni por una sola corporación.

## Capítulo III. De los ciudadanos

**Artículo** 13. Se reputan ciudadanos de esta América todos los nacidos en ella.

**Artículo** 14. Los extranjeros radicados en este suelo que profesaren la religión católica, apostólica, romana, y no se opongan a la libertad de la Nación, se reputarán también ciudadanos de ella, en virtud de carta de naturaleza que se les otorgará, y gozarán de los beneficios de la ley.

**Artículo** 15. La calidad de ciudadano se pierde por crimen de herejía, apostasía y lesa nación.

**Artículo** 16. El ejercicio de los derechos anejos a esta misma calidad, se suspende en el caso de sospecha vehemente de infidencia, y en los demás determinados por la ley.

**Artículo** 17. Los transeúntes serán protegidos por la sociedad, pero sin tener parte en la institución de sus leyes. Sus personas y propiedades gozarán de la misma seguridad que los demás ciudadanos, con tal que reconozcan la soberanía e independencia de la Nación, y respeten la religión católica, apostólica, romana.

## Capítulo IV. De la Ley

**Artículo** 18. La ley es la expresión de la voluntad general en orden a la felicidad común: esta expresión se enuncia por los actos emanados de la representación nacional.

**Artículo** 19. La ley debe ser igual para todos, pues su objeto no es otro, que arreglar el modo con que los ciudadanos deben conducirse en las ocasiones en que la razón exija que se guíen por esta regla común.

**Artículo** 20. La sumisión de un ciudadano a una ley que no aprueba, no es un comprometimiento de su razón, ni de su libertad; es un sacrificio de la inteligencia particular a la voluntad general.

**Artículo** 21. Solo las leyes pueden determinar los casos en que debe ser acusado, preso, o detenido algún ciudadano.

**Artículo** 22. Debe reprimir la ley todo rigor que no se contraiga precisamente a asegurar las personas de los acusados.

**Artículo** 23. La ley solo debe decretar penas muy necesarias, proporcionadas a los delitos y útiles a la sociedad.

## Capítulo V. De la igualdad, seguridad, propiedad, y libertad de los ciudadanos

**Artículo** 24. La felicidad del pueblo y de cada uno de los ciudadanos consiste en el goce de la igualdad, seguridad, propiedad y libertad. La íntegra conservación de estos derechos es el objeto de la institución de los gobiernos, y el único fin de las asociaciones políticas.

**Artículo** 25. Ningún ciudadano podrá obtener más ventajas que las que haya merecido por servicios hechos al estado. Estos no son títulos comunicables, ni hereditarios; y así es contraria a la razón la idea de un hombre nacido legislador o magistrado.

**Artículo** 26. Los empleados públicos deben funcionar temporalmente, y el pueblo tiene derecho para hacer que vuelvan a la vida privada, proveyendo las vacantes por elecciones y nombramientos, conforme a la Constitución.

**Artículo** 27. La seguridad de los ciudadanos consiste en la garantía social: ésta no puede existir sin que fije la ley los límites de los poderes, y la responsabilidad de los funcionarios públicos.

**Artículo** 28. Son tiránicos y arbitrarios los actos ejercidos contra un ciudadano sin las formalidades de la ley.

**Artículo** 29. El magistrado que incurriere en este delito será depuesto, y castigado con la severidad que mande la ley.

**Artículo** 30. Todo ciudadano se reputa inocente, mientras no se declara culpado.

**Artículo** 31. Ninguno debe ser juzgado ni sentenciado, sino después de haber sido oído legalmente.

**Artículo** 32. La casa de cualquier ciudadano es un asilo inviolable: solo se podrá entrar en ella cuando un incendio, una inundación, o la reclamación de la misma casa haga necesario este acto. Para los objetos de procedimiento criminal deberán preceder los requisitos prevenidos por la ley.

**Artículo** 33. Las ejecuciones civiles y visitas domiciliarias solo deberán hacerse durante el día, y con respecto a la persona y objeto indicado en la acta que mande la visita y la ejecución.

**Artículo** 34. Todos los individuos de la sociedad tienen derecho a adquirir propiedades, y disponer de ellas a su arbitrio con tal que no contravengan a la ley.

**Artículo** 35. Ninguno debe ser privado de la menor porción de las que posea, sino cuando lo exija la pública necesidad; pero en este caso tiene derecho a una justa compensación.

**Artículo** 36. Las contribuciones públicas no son extorsiones de la sociedad; sino donaciones de los ciudadanos para seguridad y defensa.

**Artículo** 37. A ningún ciudadano debe coartarse la libertad de reclamar sus derechos ante los funcionarios de la autoridad pública.

**Artículo** 38. Ningún género de cultura, industria o comercio puede ser prohibido a los ciudadanos, excepto los que forman la subsistencia pública.

**Artículo** 39. La instrucción, como necesaria a todos los ciudadanos, debe ser favorecida por la sociedad con todo su poder.

**Artículo** 40. En consecuencia, la libertad de hablar, de discurrir, y de manifestar sus opiniones por medio de la imprenta, no debe prohibirse a ningún ciudadano, a menos que en sus producciones ataque al dogma, turbe la tranquilidad pública, u ofenda el honor de los ciudadanos.

### Capítulo VI. De las obligaciones de los ciudadanos

**Artículo** 41. Las obligaciones de los ciudadanos para con la patria son: una entera sumisión a las leyes, un obedecimiento absoluto a las autoridades constituidas, una pronta disposición a contribuir a los gastos públicos; un sacrificio voluntario de los bienes, y de la vida, cuando sus necesidades lo exijan. El ejercicio de estas virtudes forma el verdadero patriotismo.

### II. Forma de Gobierno

### Capítulo I. De las provincias que comprende la América Mexicana

**Artículo** 42. Mientras se haga una demarcación exacta de esta América Mexicana, y de cada una de las provincias que la componen, se reputarán bajo de este nombre, y dentro de los mismos términos que hasta hoy se han reconocido las siguientes: México, Puebla, Tlaxcala, Veracruz, Yucatán, Oaxaca, Tecpan, Michoacán, Querétaro, Guadalajara, Guanajuato, Potosí, Zacatecas, Durango, Sonora, Coahuila, y nuevo reino de León.

**Artículo** 43. Estas provincias no podrán separarse unas de otras en su gobierno, ni menos enajenarse en todo o en parte.

## Capítulo II. De las Supremas Autoridades

**Artículo** 44. Permanecerá el cuerpo representativo de la soberanía del pueblo con el nombre de Supremo Congreso Mexicano. Se creará además dos corporaciones, la una con el título de Supremo Gobierno, y la otra con el de Supremo Tribunal de justicia.

**Artículo** 45. Estas tres corporaciones han de residir en un mismo lugar, que determinará el Congreso, previo informe del supremo gobierno; y cuando las circunstancias no lo permitan, podrán separarse por el tiempo, y a la distancia que aprobare el mismo Congreso.

**Artículo** 46. No podrán funcionar a un tiempo en las enunciadas corporaciones dos o más parientes, que lo sean en primer grado, extendiéndose la prohibición a los secretarios, y aun a los fiscales del supremo tribunal de justicia.

**Artículo** 47. Cada corporación tendrá su palacio y guardia de honor iguales a las demás; pero la tropa de guarnición estará bajo las órdenes del Congreso.

## Capítulo III. Del Supremo Congreso

**Artículo** 48. El Supremo Congreso se compondrá de diputados elegidos uno por cada provincia, e iguales todos en autoridad.

**Artículo** 49. Habrá un presidente, y un vicepresidente, que se elegirán por suerte cada tres meses, excluyéndose de los sorteos los diputados que hayan obtenido aquellos cargos.

**Artículo** 50. Se nombrarán del mismo cuerpo a pluralidad absoluta de votos dos secretarios, que han de mudarse cada seis meses; y no podrán ser reelegidos hasta que haya pasado un semestre.

**Artículo** 51. El Congreso tendrá tratamiento de Majestad, y sus individuos de Excelencia durante el tiempo de su diputación.

**Artículo** 52. Para ser diputado se requiere ser ciudadano con ejercicio de sus derechos, la edad de treinta años, buena reputación, patriotismo acreditado con servicios positivos, y tener luces no vulgares para desempeñar las augustas funciones de este empleo.

**Artículo** 53. Ningún individuo que haya sido del Supremo Gobierno, o del Supremo Tribunal de Justicia, inclusos los secretarios de una y otra corporación, y los fiscales de la segunda, podrá ser diputado hasta que pasen dos años después de haber expirado el término de sus funciones.

**Artículo** 54. Los empleados públicos que ejerzan jurisdicción en toda una provincia, no podrán ser elegidos por ella diputados en propiedad: tampoco los interinos podrán serlo por la provincia que representen, ni por cualquiera otra, si no es pasando dos años después de que haya cesado su representación.

**Artículo** 55. Se prohíbe también que sean diputados simultáneamente dos o más parientes en segundo grado.

**Artículo** 56. Los diputados no funcionarán por más tiempo que el de dos años. Éstos se contarán al diputado propietario desde el día que termine el bienio de la anterior diputación: o siendo el primer propietario en propiedad desde el día que señale el Supremo Congreso para su incorporación, y al interino desde la fecha de su nombramiento. El diputado suplente no pasará del tiempo que corresponda al propietario por quien sustituye.

**Artículo** 57. Tampoco serán reelegidos los diputados, si no es que medie el tiempo de una diputación.

**Artículo** 58. Ningún ciudadano podrá excusarse del encargo de diputado. Mientras lo fuere, no podrá emplearse en el mando de armas.

**Artículo** 59. Los diputados serán inviolables por sus opiniones, y en ningún tiempo ni caso podrá hacérseles cargo de ellas; pero se sujetarán al juicio de residencia por la parte que les toca en la administración pública, y además podrán ser acusados durante el tiempo de su diputación, y en la forma que previene este reglamento por los delitos de herejía y apostasía, y por los de Estado, señaladamente por los de infidencia, concusión y dilapidación de los caudales públicos.

**Capítulo IV. De la elección de diputados para el Supremo Congreso**

**Artículo** 60. El Supremo Congreso nombrará por escrutinio, y a pluralidad absoluta de votos, diputados interinos por las provincias que se hallen dominadas en toda su extensión por el enemigo.

**Artículo** 61. Con tal que en una provincia estén desocupados tres partidos, que comprendan nueve parroquias, procederán los pueblos del distrito libre a elegir sus diputados así propietarios, como suplentes, por medio de Juntas electorales de parroquia, de partido, y de provincia.

**Artículo** 62. El Supremo Gobierno mandará celebrar lo más pronto que le sea posible, estas Juntas en las provincias que lo permitan, con arreglo al **Artículo** anterior, y que no tengan diputados en propiedad: y por lo que toca a las que los tuvieren, hará que se celebren tres meses antes de cumplirse el bienio de las respectivas diputaciones. Para este efecto habrá en la secretaría correspondiente un libro, donde se lleve razón exacta del día, mes, y año, en que conforme al **Artículo** 56 comience a contarse el bienio de cada diputado.

**Artículo** 63. En caso de que un mismo individuo sea elegido diputado en propiedad por distintas provincias, el Supremo Congreso decidirá por suerte la elección que haya de subsistir, y en consecuencia el suplente a quien toque, entrará en lugar del propietario de la provincia, cuya elección quedare sin efecto.

## Capítulo V. De las Juntas Electorales de parroquia

**Artículo** 64. La Juntas electorales de parroquia se compondrán de los ciudadanos con derecho a sufragio, que estén domiciliados, y residan en territorio de la respectiva feligresía.

**Artículo** 65. Se declaran con derecho a sufragio los ciudadanos, que hubieren llegado a la edad de dieciocho años, o antes si se casaren, que hayan acreditado su adhesión a nuestra santa causa, que tengan empleo, o modo honesto de vivir, y que no estén notados de alguna infamia pública, ni procesados criminalmente por nuestro gobierno.

**Artículo** 66. Por cada parroquia se nombrará un elector, para cuyo encargo se requiere ser ciudadano con ejercicio de sus derechos, mayor de veinticinco años, y que al tiempo de la elección resida en la feligresía.

**Artículo** 67. Se celebrarán estas Juntas en las cabeceras de cada curato, o en el pueblo de la doctrina que ofreciere más comodidad; y si por la distancia de los lugares de una misma feligresía no pudieren concurrir todos los parroquianos en la cabecera, o pueblo determinado, se designarán dos o tres puntos de reunión, en los cuales se celebren otras tantas Juntas parciales, que formarán respectivamente los vecinos, a cuya comodidad se consultare.

**Artículo** 68. El Justicia del territorio, o el Comisionado que deputare el Juez del partido, convocará la Junta, o Juntas parciales, designará el día, hora, y lugar de su celebración, y presidirá las sesiones.

**Artículo** 69. Estando juntos los ciudadanos electores, y el presidente pasarán a la iglesia principal, donde se celebrará una misa solemne de Espíritu Santo, y se pronunciará un discurso análogo a las circunstancias por el cura, u otro eclesiástico.

**Artículo** 70. Volverán al lugar destinado para la sesión, a que se dará principio, por nombrar de entre los concurrentes dos escrutadores, y un secretario, que tomarán asiento en la mesa al lado del presidente.

**Artículo** 71. En seguida preguntará el presidente, si hay alguno que sepa que haya intervenido cohecho, o soborno, para que la elección recaiga en persona determinada: y si hubiere quien tal exponga, el presidente y los escrutadores harán en el acto pública y verbal justificación. Calificándose la denuncia, quedarán excluidos de voz activa y pasiva los delincuentes, y la misma pena se aplicará a los falsos calumniadores, en el concepto de que en este juicio no se admitirá recurso.

**Artículo** 72. Al presidente y escrutadores toca también decidir en el acto las dudas que se ofrezcan, sobre si en alguno de los ciudadanos concurren los requisitos necesarios para votar.

**Artículo** 73. Cada votante se acercará a la mesa, y en voz clara e inteligible nombrará los tres individuos, que juzgue más idóneos para electores. El secretario escribirá estos sufragios, y los manifestará al votante, al presidente, y a los escrutadores, de modo que todos queden satisfechos.

**Artículo** 74. Acabada la votación, examinarán los escrutadores la lista de los sufragios, y sumarán los números que resulten a favor de cada uno de los votados. Esta operación se ejecutará a vista de todos los concurrentes, y cualquiera de ellos podrá revisarla.

**Artículo** 75. Si la Junta fuere compuesta de todos los ciudadanos de la feligresía, el votado que reuniere el mayor número de sufragios, o aquel por quien en caso de empate se decidiere la suerte, quedará nombrado elector de parroquia, y lo anunciará el secretario de orden del presidente.

**Artículo** 76. Concluido este acto se trasladará el concurso, llevando al elector entre el presidente, escrutadores, y secretario, a la iglesia, en donde se cantará en acción de gracias un solemne Te Deum, y la Junta quedará disuelta para siempre.

**Artículo** 77. El secretario extenderá la acta, que firmará con el presidente y escrutadores: se sacará un testimonio de ella firmado por los mismos, y se dará al elector nombrado, para que pueda acreditar su nombramiento, de que el presidente pasará aviso al juez del partido.

**Artículo** 78. Las Juntas parciales se disolverán concluida la votación, y las actas respectivas se extenderán, como previene el **Artículo** anterior.

**Artículo** 79. Previa citación del presidente, hecha por alguno de los secretarios, volverán a reunirse en sesión pública éstos y los escrutadores de las Juntas parciales, y con presencia de las actas examinarán los segundos las listas de sufragios, sumando de la totalidad los números que resulten por cada votado, y quedará nombrado elector el que reuniese la mayor suma, o si hubiese empate, el que decidiere la suerte.

**Artículo** 80. Publicará el presidente esta votación por medio de copia certificada del escrutinio, circulándola por los pueblos de la feligresía; y dará al elector igual testimonio firmado por el mismo presidente, escrutadores, y secretarios.

**Artículo** 81. Ningún ciudadano podrá excusarse del encargo de elector de parroquia, ni se presentará con armas en la Junta.

## Capítulo VI. De las Juntas Electorales de partido

**Artículo** 82. Las Juntas electorales de partido se compondrán de los electores parroquiales congregados en la cabecera de cada subdelegación o en otro pueblo que por justas consideraciones designe el juez, a quien toca esta facultad, como también la de citar a los electores, señalar el día, hora y sitio para la celebración de estas Juntas, y presidir las sesiones.

**Artículo** 83. En la primera se nombrarán dos escrutadores y un secretario de los mismos electores, si llegaren a siete; o fuera de ellos si no se completare este número, con tal que los electos sean ciudadanos de probidad.

**Artículo** 84. A consecuencia presentarán los electores los testimonios de sus nombramientos, para que los escrutadores y el secretario los reconozcan y examinen: y con esto terminará la sesión.

**Artículo** 85. En la del día siguiente expondrán su juicio los escrutadores y el secretario. Ofreciéndose alguna duda, el presidente la resolverá en el acto, y su resolución se ejecutará sin recurso: pasando después la Junta a la iglesia principal, con el piadoso objeto que previene el **Artículo** 69.

**Artículo** 86. Se restituirá después la Junta al lugar destinado para las sesiones, y tomando asiento el presidente y los demás individuos que la formen, se ejecutará lo contenido en el **Artículo** 71, y regirá también en su caso el **Artículo** 72.

**Artículo** 87. Se procederá en seguida a la votación, haciéndola a puerta abierta por medio de cédulas, en que cada elector exprese los tres individuos que juzgue más a propósito: recibirá las cédulas el secretario, las leerá en voz alta y manifestará al presidente.

**Artículo** 88. Concluida la votación, los escrutadores a vista y satisfacción del presidente y de los electores, sumarán el número de los sufragios que haya reunido cada votado, quedando nombrado el que contare con la pluralidad, y en caso de empate el que decidiere la suerte. El secretario anunciará de orden del presidente el nombramiento del elector de partido.

**Artículo** 89. Inmediatamente se trasladarán la Junta y concurrentes a la iglesia principal, bajo la forma y con el propio fin que indica el **Artículo** 76.

**Artículo** 90. El secretario extenderá la acta, que suscribirá con el presidente y escrutadores. Se sacarán dos copias autorizadas con la misma solemnidad; de las cuales una se entregará al elector nombrado, y otra se remitirá al presidente de la Junta provincial.

**Artículo** 91. Para ser elector de partido se requiere la residencia personal en la respectiva jurisdicción con las demás circunstancias asignadas para los electores de parroquia.

**Artículo** 92. Se observará por último lo que prescribe el **Artículo** 81.

**Capítulo VII. De las Juntas Electorales de provincia**

**Artículo** 93. Los electores de partido formarán respectivamente las Juntas provinciales, que para nombrar los diputados que deben incorporarse en el Congreso, se han de celebrar en la capital de cada provincia, o en el pueblo que señalare el intendente, a quien toca presidirlas, y fijar el día, hora y sitio en que hayan de verificarse.

**Artículo** 94. En la primera sesión se nombrarán dos escrutadores, y un secretario, en los términos que anuncia el **Artículo** 83. Se leerán los testimonios de las actas de elecciones hechas en cada partido, remitidas por los respectivos presidentes: y presentarán los electores las copias que llevaren consigo, para que los escrutadores y el secretario las confronten y examinen.

**Artículo** 95. En la segunda sesión que se tendrá el día siguiente, se practicará lo mismo que está mandado en los **Artículos** 85 y 86.

**Artículo** 96. Se procederá después a la votación de diputado en la forma que para las elecciones de partidos señala el **Artículo** 87.

**Artículo** 97. Concluida la votación los escrutadores reconocerán las cédulas conforme al **Artículo** 88, y sumarán los números que hubiere reunido cada votado, quedando elegido diputado en propiedad el que reuniere la pluralidad de sufragios; y suplente el que se aproxime más a la pluralidad.

**Artículo** 98. Si hubiere empate, se sorteará el nombramiento de diputado así propietario, como suplente, entre los votados que sacaren igual número de sufragios.

**Artículo** 99. Hecha la elección se procederá a la solemnidad religiosa, a que se refiere el **Artículo** 89.

**Artículo** 100. Se extenderá el acta de elección, y se sacarán dos copias con las formalidades que establece el **Artículo** 90: una copia se entregará al diputado, y otra se remitirá al Supremo Congreso.

**Artículo** 101. Los electores en nombre de la provincia otorgarán al diputado en forma legal la correspondiente comisión.

**Capítulo VIII. De las atribuciones del Supremo Congreso**
Al Supremo Congreso pertenece exclusivamente:

**Artículo** 102. Reconocer y calificar los documentos que presenten los diputados elegidos por las provincias, y recibirles el juramento que deben otorgar para su incorporación.

**Artículo** 103. Elegir los individuos del Supremo Gobierno, los del Supremo Tribunal de Justicia, los del de Residencia, los secretarios de estas corporaciones, y los fiscales de la segunda, bajo la forma que prescribe este decreto, y recibirles a todos el juramento correspondiente para la posesión de sus respectivos destinos.

**Artículo** 104. Nombrar los ministros públicos, que con el carácter de embajadores plenipotenciarios, u de otra representación diplomática hayan de enviarse a las demás naciones.

**Artículo** 105. Elegir a los generales de división a consulta del Supremo Gobierno, quien propondrán los tres oficiales que juzgue más idóneos.

**Artículo** 106. Examinar y discutir los proyecto de ley que se propongan. Sancionar las leyes, interpretarlas, y derogarlas en caso necesario.

**Artículo** 107. Resolver las dudas de hecho y de derecho, que se ofrezcan en orden a las facultades de las supremas corporaciones.

**Artículo** 108. Decretar la guerra, y dictar las instrucciones bajo de las cuales haya de proponerse o admitirse la paz: las que deben regir para ajustar los tratados de alianza y gobierno con las demás naciones, y aprobar antes de su ratificación estos tratados.

**Artículo** 109. Crear nuevos tribunales subalternos, suprimir los establecidos, variar su forma, según convenga para la mejor administración: aumentar o disminuir los oficios públicos, y formar los aranceles de derechos.

**Artículo** 110. Conceder o negar licencia para que se admitan tropas extranjeras en nuestro suelo.

**Artículo** 111. Mandar que se aumenten, o disminuyan las fuerzas militares a propuesta del Supremo Gobierno.

**Artículo** 112. Dictar ordenanzas para el ejército y milicias nacionales en todos los ramos que las constituyen.

**Artículo** 113. Arreglar los gastos del gobierno. Establecer contribuciones e impuestos, y el modo de recaudarlos: como también el método conveniente para la administración, conservación y enajenación de los bienes propios del estado: y en los casos de necesidad tomar caudales a préstamo sobre los fondos y crédito de la nación.

**Artículo** 114. Examinar y aprobar las cuentas de recaudación e inversión de la hacienda pública.

**Artículo** 115. Declarar si ha de haber aduanas y en qué lugares.

**Artículo** 116. Batir moneda, determinando su materia, valor, peso, tipo y denominación; y adoptar el sistema que estime justo de pesos y medidas.

**Artículo** 117. Favorecer todos los ramos de industria, facilitando los medios de adelantarla, y cuidar con singular esmero de la ilustración de los pueblos.

**Artículo** 118. Aprobar los reglamentos que conduzcan a la sanidad de los ciudadanos, a su comodidad y demás objetos de policía.

**Artículo** 119. Proteger la libertad política de la imprenta.

**Artículo** 120. Hacer efectiva la responsabilidad de los individuos del mismo Congreso, y de los funcionarios de las demás supremas corporaciones, bajo la forma que explica este decreto.

**Artículo** 121. Expedir cartas de naturaleza en los términos, y con las calidades que prevenga la ley.

**Artículo** 122. Finalmente ejercer todas las demás facultades que le concede expresamente este decreto.

## Capítulo IX. De la sanción y promulgación de las leyes

**Artículo** 123. Cualquiera de los vocales puede presentar al Congreso los proyectos de ley que le ocurran, haciéndolo por escrito, y exponiendo las razones en que se funde.

**Artículo** 124. Siempre que se proponga algún proyecto de ley, se repetirá su lectura por tres veces en tres distintas sesiones, votándose en la última, si se admite, o no a discusión; y fijándose, en caso de admitirse, el día en que se deba comenzar.

**Artículo** 125. Abierta la discusión, se tratará, e ilustrará la materia en las sesiones que fueren necesarias, hasta que el Congreso declare: que está suficientemente discutida.

**Artículo** 126. Declarado que la materia está suficientemente discutida, se procederá a la votación, que se hará a pluralidad absoluta de votos; concurriendo precisamente más de la mitad de los diputados que deben componer el Congreso.

**Artículo** 127. Si resultare aprobado el proyecto, se extenderá por triplicado en forma de ley. Firmará el presidente y secretarios los tres originales, remitiéndose uno al Supremo Gobierno, y otro al Supremo Tribunal de Justicia; quedando el tercero en la secretaría del Congreso.

**Artículo** 128. Cualquiera de aquellas corporaciones tendrá facultad para representar en contra de la ley; pero ha de ser dentro del término perentorio de veinte días; y no verificándolo en este tiempo, procederá el

Supremo Gobierno a la promulgación: previo aviso que oportunamente le comunicará al Congreso.

**Artículo** 129. En caso que el Supremo Gobierno, o el Supremo Tribunal de Justicia representen contra la ley, las reflexiones que promuevan serán examinadas bajo las mismas formalidades que los proyectos de ley; y calificándose de bien fundadas a pluralidad absoluta de votos, se suprimirá la ley, y no podrá proponerse de nuevo hasta pasados seis meses. Pero si por el contrario se calificaren de insuficientes las razones expuestas, entonces se mandará publicar la ley, y se observará inviolablemente; a menos que la experiencia y la opinión pública obliguen a que se derogue, o modifique.

**Artículo** 130. La ley se promulgará en esta forma: -«El Supremo Gobierno Mexicano a todos los que la presente vieren, sabed: que el Supremo Congreso en sesión legislativa (aquí la fecha) ha sancionado la siguiente ley. (Aquí el texto literal de la ley). Por tanto, para su puntual observancia publíquese, y circúlese a todos los tribunales, justicias, jefes, gobernadores y demás autoridades, así civiles como militares, y eclesiásticas de cualquiera clase y dignidad, para que guarden y hagan guardar, cumplir y ejecutar la presente ley en todas sus partes.- Palacio nacional etc.». Firmarán los tres individuos y el secretario de Gobierno.

**Artículo** 131. El Supremo Gobierno comunicará la ley al Supremo Tribunal de Justicia, y se archivarán los originales tanto en la secretaría del Congreso, como en la del Gobierno.

### Capítulo X. Del Supremo Gobierno

**Artículo** 132. Compondrán el Supremo Gobierno tres individuos, en quienes concurran las calidades expresadas en el **Artículo** 52: serán iguales en autoridad, alternando por cuatrimestres en la presidencia, que sortearán en su primera sesión para fijar invariablemente el orden con que hayan de turnar, y lo manifestarán al Congreso.

**Artículo** 133. Cada año saldrá por suerte uno de los tres, y el que ocupare la vacante tendrá el mismo lugar que su antecesor en el turno de la presidencia. Al Congreso toca hacer este sorteo.

**Artículo** 134. Habrá tres secretarios: uno de guerra, otro de hacienda, y el tercero que se llamará especialmente de gobierno. Se mudarán cada cuatro años.

**Artículo** 135. Ningún individuo del Supremo Gobierno podrá ser reelegido, a menos que haya pasado un trienio después de su administración: y para que pueda reelegirse un secretario, han de correr cuatro años después de fenecido su ministerio.

**Artículo** 136. Solamente en la creación del Supremo Gobierno podrán nombrarse para sus individuos así los diputados propietarios del Supremo Congreso, que hayan cumplido su bienio, como los interinos; en la inteligencia de que si fuere nombrado alguno de éstos, se tendrá por concluida su diputación; pero en lo sucesivo ni podrá elegirse ningún diputado, que a la sazón lo fuere, ni el que lo haya sido; si no es mediando el tiempo de dos años.

**Artículo** 137. Tampoco podrán elegirse los diputados del Supremo Tribunal de Justicia, mientras lo fueren, ni en tres años después de su comisión.

**Artículo** 138. Se excluyen asimismo de esta elección los parientes en primer grado de los generales en jefe.

**Artículo** 139. No pueden concurrir en el Supremo Gobierno dos parientes que lo sean desde el primero hasta el cuarto grado; comprendiéndose los secretarios en esta prohibición.

**Artículo** 140. El Supremo Gobierno tendrá tratamiento de Alteza: sus individuos el de Excelencia, durante su administración: y los secretarios el de Señoría, en el tiempo de su ministerio.

**Artículo** 141. Ningún individuo de esta corporación podrá pasar ni aun una noche fuera del lugar destinado para su residencia, sin que el Congreso le conceda expresamente su permiso: y si el Gobierno residiere en lugar distante, se pedirá aquella licencia a los compañeros, quienes avisarán al Congreso, en caso de que sea para más de tres días.

**Artículo** 142. Cuando por cualquiera causa falte alguno de los tres individuos, continuarán en el despacho los restantes, haciendo de presidente el que deba seguirse en turno, y firmándose lo que ocurra con expresión de la ausencia del compañero: pero en faltando dos, el que queda avisará inmediatamente al Supremo Congreso, para que tome providencia.

**Artículo** 143. Habrá en cada secretaría un libro, en donde se asienten todos los acuerdos, con distinción de sesiones, las cuales se rubricarán por los tres individuos, y firmará el respectivo secretario.

**Artículo** 144. Los títulos o despachos de los empleados, los decretos, las circulares y demás órdenes, que son propias del alto gobierno, irán firmadas por los tres individuos y el secretario a quien corresponda. Las órdenes concernientes al gobierno económico, y que sean de menos entidad, las firmará el presidente y el secretario a quien toque, a presencia de los tres individuos del cuerpo: y si alguno de los indicados documentos no llevare la formalidades prescritas, no tendrá fuerza ni será obedecida por los subalternos.

**Artículo** 145. Los secretarios serán responsables en su persona de los decretos, órdenes y demás que autoricen contra el tenor de este decreto o contra las leyes que mandadas observar, y que en adelante se promulgaren.

**Artículo** 146. Para hacer efectiva esta responsabilidad decretará ante todas cosas el Congreso, con noticia justificada de la transgresión, que ha lugar a la formación de la causa.

**Artículo** 147. Dado este decreto quedará suspenso el secretario, y el Congreso remitirá todos los documentos que hubiere al Supremo Tribunal de Justicia, quien formará la causa, la sustanciará y sentenciará conforme a las leyes.

**Artículo** 148. En los asuntos reservados que se ofrezcan al Supremo Gobierno, arreglará el modo de corresponderse con el Congreso, avisándole por medio de alguno de sus individuos o secretarios: y cuando juzgare conveniente pasar al palacio del Congreso se lo comunicará, exponiendo si la concurrencia ha de ser pública, o secreta.

**Artículo** 149. Los secretarios se sujetarán indispensablemente al juicio de residencia, y a cualquiera otro que en el tiempo de su ministerio se promueva legítimamente ante el Supremo Tribunal de Justicia.

**Artículo** 150. Los individuos del Gobierno se sujetarán asimismo al juicio de residencia; pero en el tiempo de su administración solamente podrán ser acusados por los delitos que manifiesta el **Artículo** 59, y por la infracción del **Artículo** 166.

**Capítulo XI. De la elección de individuos para el Supremo Gobierno**

**Artículo** 151. El Supremo Congreso elegirá en sesión secreta por escrutinio en que haya examen de tachas, y a pluralidad absoluta de votos, un número triple de los individuos que han de componer el Supremo Gobierno.

**Artículo** 152. Hecha esta elección continuará la sesión en público, y el secretario anunciará al pueblo las personas que se hubieren elegido. En seguida repartirá por triplicado sus nombres escritos en cédulas a cada vocal, y se procederá a la votación de los tres individuos, eligiéndolos uno a uno por medio de las cédulas que se recogerán en un vaso prevenido al efecto.

**Artículo** 153. El secretario a vista y satisfacción de los vocales reconocerá las cédulas, y hará la regulación correspondiente, quedando nombrado aquel individuo que reuniere la pluralidad absoluta de sufragios.

**Artículo** 154. Si ninguno reuniere esta pluralidad, entrarán en segunda votación los dos individuos que hubieren sacado el mayor número, repartiéndose de nuevo sus nombres en cédulas a cada uno de los vocales. En caso de empate decidirá la suerte.

**Artículo** 155. Nombrados los individuos, con tal que se hallen presentes dos de ellos, otorgarán acto continuo su juramento en manos del presidente, quien lo recibirá a nombre del Congreso, bajo la siguiente fórmula: «¿Juráis defender a costa de vuestra sangre la religión católica, apostólica, romana, sin admitir otra ninguna? -R. Sí juro.- ¿Juráis sostener constantemente la causa de nuestra independencia contra nuestros injustos agresores? -R. Sí juro.- ¿Juráis observar, y hacer cumplir el decreto constitucional en todas y cada una de sus partes? -R. Sí juro.- ¿Juráis desempeñar con celo y fidelidad el empleo que os ha conferido la Nación, trabajando incesantemente por el bien y prosperidad de la Nación misma? -R. Sí juro.- Si así lo hiciereis, Dios os premie, y si no, os lo demande». Y con este acto se tendrá el Gobierno por instalado.

**Artículo** 156. Bajo de la forma explicada en los **Artículos** antecedentes se hará las votaciones ulteriores, para proveer las vacantes de los individuos que deben salir anualmente, y las que resultaren por fallecimiento u otra causa.

**Artículo** 157. Las votaciones ordinarias de cada año se efectuarán cuatro meses antes de que se verifique la salida del individuo a quien tocare la suerte.

**Artículo** 158. Por primera vez nombrará el Congreso los secretarios del Supremo Gobierno, mediante escrutinio en que haya examen de tachas, y a pluralidad absoluta de votos. En lo de adelante hará este nombramiento a propuesta del mismo Supremo Gobierno, quien la verificará dos meses antes que cumpla el término de cada secretario.

## Capítulo XII. De la autoridad del Supremo Gobierno
Al Supremo Gobierno toca privativamente:

**Artículo** 159. Publicar la guerra y ajustar la paz. Celebrar tratados de alianza, y comercio con las naciones extranjeras, conforme al **Artículo** 108; correspondiéndose con sus gabinetes en las negociaciones que ocurran, por sí, o por medio de los ministros públicos, de que habla el **Artículo** 104; los cuales han de entenderse inmediatamente con el Gobierno, quien despachará las contestaciones con independencia del Congreso; a menos que se versen asuntos, cuya resolución no esté en sus facultades: y de todo dará cuenta oportunamente al mismo Congreso.

**Artículo** 160. Organizar los ejércitos y milicias nacionales. Formar planes de operación: mandar ejecutarlos: distribuir y mover la fuerza armada, a excepción de la que se halle bajo el mando del Supremo Congreso, con arreglo al **Artículo** 47, y tomar cuantas medidas estime conducentes, ya sea para asegurar la tranquilidad interior del estado; o bien para promover su defensa exterior: todo sin necesidad de avisar previamente al Congreso, a quien dará noticia en tiempo oportuno.

**Artículo** 161. Atender y fomentar los talleres y maestranzas de fusiles, cañones, y demás armas: las fábricas de pólvora, y la construcción de toda especie de útiles y municiones de guerra.

**Artículo** 162. Proveer los empleos políticos, militares y de hacienda, excepto los que se ha reservado el Supremo Congreso.

**Artículo** 163. Cuidar de que los pueblos estén proveídos suficientemente de eclesiásticos dignos, que administren los sacramentos, y el pasto espiritual de la doctrina.

**Artículo** 164. Suspender con causa justificada a los empleados a quienes nombre, con calidad de remitir lo actuado dentro del término de cuarenta y ocho horas al tribunal competente. Suspender también a los empleados que nombre el Congreso, cuando haya contra éstos sospechas vehementes de infidencia: remitiendo los documentos que hubiere al mismo Congreso dentro de veinticuatro horas, para que declare: si ha, o no lugar a la formación de la causa.

**Artículo** 165. Hacer que se observen los reglamentos de policía. Mantener expedita la comunicación interior y exterior: y proteger los derechos de la libertad, propiedad, igualdad, y seguridad de los ciudadanos: usando de todos los recursos que le franquearán las leyes.
No podrá el Supremo Gobierno:

**Artículo** 166. Arrestar a ningún ciudadano en ningún caso más de cuarenta y ocho horas, dentro de cuyo término deberá remitir el detenido al tribunal competente con lo que se hubiere actuado.

**Artículo** 167. Deponer a los empleados públicos, ni conocer en negocio alguno judicial: avocarse causas pendientes o ejecutoriadas, ni ordenar que se abran nuevos juicios.

**Artículo** 168. Mandar personalmente en cuerpo, ni por alguno de sus individuos ninguna fuerza armada; a no ser en circunstancias muy extraordinarias: y entonces deberá preceder la aprobación del Congreso.

**Artículo** 169. Dispensar la observancia de las leyes bajo pretexto de equidad, ni interpretarlas en los casos dudosos.

**Artículo** 170. Se sujetará el Supremo Gobierno a las leyes y reglamentos que adoptare, o sancionare el Congreso en lo relativo a la administración de hacienda: por consiguiente no podrá variar los empleos de este ramo que se establezcan, crear otros nuevos, gravar con pensiones al erario público, ni alterar el método de recaudación, y distribución de las rentas; podrá no obstante librar las cantidades que necesite para gastos secretos en servicio de la nación, con tal que informe oportunamente de su inversión.

**Artículo** 171. En lo que toca al ramo militar se arreglará a la antigua ordenanza, mientras que el Congreso dicta la que más se conforme al sistema de nuestro gobierno: por lo que no podrá derogar, interpretar, ni alterar ninguno de sus capítulos.

**Artículo** 172. Pero así en materia de hacienda, como de guerra, y en cualquiera otra podrá, y aun deberá presentar al Congreso los planes, reformas y medidas que juzgue convenientes, para que sean examinados; mas no se le permite proponer proyectos de decreto extendidos.

**Artículo** 173. Pasará mensualmente al Congreso una nota de los empleados, y de los que estuvieren suspensos: y cada cuatro meses un estado de los ejércitos, que reproducirá siempre que lo exija el mismo Congreso.

**Artículo** 174. Asimismo presentará cada seis meses al Congreso un estado abreviado de las entradas, inversión, y existencia de los caudales públicos: y cada año le presentará otro individual, y documentado, para que ambos se examinen, aprueben y publiquen.

**Capítulo XIII. De las intendencias de Hacienda**

**Artículo** 175. Se creará cerca del Supremo Gobierno y con sujeción inmediata a su autoridad una intendencia general, que administre todas las rentas y fondos nacionales.

**Artículo** 176. Esta intendencia se compondrá de un fiscal, un asesor letrado, dos ministros, y el jefe principal, quien retendrá el nombre de intendente general, y además habrá un secretario.

**Artículo** 177. De las mismas plazas han de componerse las intendencias provinciales, que deberán establecerse con subordinación a la general. Sus jefes se titularán intendentes de provincia.

**Artículo** 178. Se crearán también tesorerías foráneas, dependientes de las provinciales, según que se juzgaren necesarias para la mejor administración.

**Artículo** 179. El Supremo Congreso dictará la ordenanza que fije las atribuciones de todos y cada uno de estos empleados, su fuero y prerrogativas, y la jurisdicción de los intendentes.

**Artículo** 180. Así el intendente general, como los de provincia funcionarán por el tiempo de tres años.

## Capítulo XIV. Del Supremo Tribunal de Justicia

**Artículo** 181. Se compondrá por ahora el Supremo Tribunal de Justicia de cinco individuos, que por deliberación del Congreso podrán aumentarse, según lo exijan y proporcionen las circunstancias.

**Artículo** 182. Los individuos de este Supremo Tribunal tendrán las mismas calidades que se expresan en el **Artículo** 52. Serán iguales en autoridad, y turnarán por suerte en la presidencia cada tres meses.

**Artículo** 183. Se renovará esta corporación cada tres años en la forma siguiente: en el primero y en el segundo saldrán dos individuos; y en el tercero uno: todos por medio de sorteo, que hará el Supremo Congreso.

**Artículo** 184. Habrá dos fiscales letrados, uno para lo civil, y otro para lo criminal; pero si las circunstancias no permitieren al principio que se nombre más que a uno, éste desempeñará las funciones de ambos destinos: lo que se entenderá igualmente respecto de los secretarios. Unos y otros funcionarán por espacio de cuatro años.

**Artículo** 185. Tendrá este Tribunal el tratamiento de Alteza: sus individuos el de Excelencia, durante su comisión; y los fiscales y secretarios el de Señoría, mientras permanezcan en su ejercicio.

**Artículo** 186. La elección de los individuos del Supremo Tribunal de Justicia se hará por el Congreso, conforme a los **Artículos** 151, 152, 153, 154, 156, y 157.

**Artículo** 187. Nombrados que sean los cinco individuos, siempre que se hallen presentes tres de ellos, otorgarán acto continuo su juramento en los términos que previene el **Artículo** 155.

**Artículo** 188. Para el nombramiento de fiscales y secretarios regirá el **Artículo** 158.

**Artículo** 189. Ningún individuo del Supremo Tribunal de Justicia podrá ser reelegido hasta pasado un trienio después de su comisión: y para que puedan reelegirse los fiscales y secretarios han de pasar cuatro años después de cumplido su tiempo.

**Artículo** 190. No podrán elegirse para individuos de este Tribunal los diputados del Congreso, si no es en los términos que explica el **Artículo** 136.

**Artículo** 191. Tampoco podrán elegirse los individuos del Supremo Gobierno mientras lo fueren, ni en tres años después de su administración.

**Artículo** 192. No podrán concurrir en el Supremo Tribunal de Justicia dos, o más parientes, que lo sean desde el primero hasta el cuarto grado: comprendiéndose en esta prohibición los fiscales y secretarios.

**Artículo** 193. Ningún individuo de esta corporación podrá pasar ni una sola noche fuera de los límites de su residencia, si no es con los requisitos que para los individuos del Supremo Gobierno expresa el **Artículo** 141.

**Artículo** 194. Los fiscales y secretarios del Supremo Tribunal de Justicia se sujetarán al juicio de residencia, y a los demás, como se ha dicho de los secretarios del Supremo Gobierno: pero los individuos del mismo Tribunal solamente se sujetarán al juicio de residencia: y en el tiempo de su comisión, a los que se promuevan por los delitos determinados en el **Artículo** 59.

**Artículo** 195. Los autos o decretos que emanaren de este Supremo Tribunal irán rubricados por los individuos que concurran a formarlos, y autorizados por el secretario. Las sentencias interlocutorias y definitivas se firmarán por los mencionados individuos, y se autorizarán igualmente por el secretario; quien con el presidente firmará los despachos, y por sí solo bajo su responsabilidad las demás órdenes: en consecuencia no será obedecida ninguna providencia, orden, o decreto que expida alguno de los individuos en particular.

## Capítulo XV. De las facultades del Supremo Tribunal de Justicia

**Artículo** 196. Conocer en las causas para cuya formación deba preceder, según lo sancionado, la declaración del Supremo Congreso: en las demás de los generales de división, y secretarios del Supremo Gobierno: en las de los secretarios y fiscales del mismo Supremo Tribunal: en las del intendente general de hacienda, de sus ministros, fiscales y asesor: en las de residencia de todo empleado público, a excepción de las que pertenecen al Tribunal de este nombre.

**Artículo** 197. Conocer de todos los recursos de fuerza de los tribunales eclesiásticos, y de las competencias que se susciten entre los jueces subalternos.

**Artículo** 198. Fallar o confirmar las sentencias de deposición de los empleados públicos sujetos a este Tribunal: aprobar o revocar las sentencias de muerte y destierro que pronuncien los tribunales subalternos, exceptuando las que han de ejecutarse en los prisioneros de guerra, y otros delincuentes de estado, cuyas ejecuciones deberán conformarse a las leyes y reglamentos que se dicten separadamente.

**Artículo** 199. Finalmente, conocer de las demás causas temporales, así criminales, como civiles; ya en segunda, ya en tercera instancia, según lo determinen las leyes.

**Artículo** 200. Para formar este Supremo Tribunal, se requiere indispensablemente la asistencia de los cinco individuos en las causas de homicidio, de deposición de algún empleado, de residencia e infidencia; en las de fuerza de los juzgados eclesiásticos, y en las civiles, en que se verse el interés de veinticinco mil pesos arriba. Esta asistencia de los cinco individuos se entiende para terminar definitivamente las referidas causas, ya sea pronunciando, ya confirmando o bien revocando las sentencias respectivas. Fuera de estas causas bastará la asistencia de tres individuos para formar tribunal; y menos no podrán actuar en ningún caso.

**Artículo** 201. Si por motivo de enfermedad no pudiera asistir alguno de los jueces en los casos referidos, se le pasará la causa, para que dentro de tercero día remita su voto cerrado. Si la enfermedad fuere grave, o no pudiere asistir por hallarse distante, o por otro impedimento legal, el Supremo Congreso con aviso del Tribunal nombrará un sustituto; y si el Congreso estuviere lejos, y ejecutare la decisión, entonces los jueces restantes nombrarán a pluralidad de sufragios un letrado, o un vecino honrado y de ilustración, que supla por el impedido: dando aviso inmediatamente al Congreso.

**Artículo** 202. En el Supremo Tribunal de Justicia no se pagarán derechos.

**Artículo** 203. Los litigantes podrán recusar hasta dos jueces de este Tribunal, en los casos, y bajo las condiciones que señale la ley.

**Artículo** 204. Las sentencias que pronunciare el Supremo Tribunal de Justicia, se remitirán al Supremo Gobierno, para que se las haga ejecutar por medio de los jefes, o jueces a quienes corresponda.

## Capítulo XVI. De los juzgados inferiores

**Artículo** 205. Habrá jueces nacionales de partido que durarán el tiempo de tres años: y los nombrará el Supremo Gobierno a propuesta de los intendentes de provincia, mientras se forma el reglamento conveniente para que los elijan los mismos pueblos.

**Artículo** 206. Estos jueces tendrán en los ramos de justicia, o policía la autoridad ordinaria, que las leyes del antiguo gobierno concedían a los subdelegados. Las demarcaciones de cada partido tendrán los mismos límites, mientras no se varíen con la aprobación del Congreso.

**Artículo** 207. Habrá tenientes de justicia en los lugares donde se han reputado necesarios: los nombrarán los jueces de partido, dando cuenta al Supremo Gobierno para su aprobación y confirmación, con aquellos nombramientos que en el antiguo gobierno se confirmaban por la superioridad.

**Artículo** 208. En los pueblos, villas y ciudades continuarán respectivamente los gobernadores y repúblicas, los ayuntamientos y demás empleos, mientras no se adopte otro sistema; a reserva de las variaciones que oportunamente introduzca el Congreso, consultando al mayor bien y felicidad de los ciudadanos.

**Artículo** 209. El Supremo Gobierno nombrará jueces eclesiásticos, que en las demarcaciones que respectivamente les señale con aprobación del Congreso, conozcan en primera instancia de las causas temporales, así criminales como civiles de los eclesiásticos; siendo ésta una medida provisional, entretanto se ocupan por nuestras armas las capitales de cada obispado, y resuelve otra cosa el Supremo Congreso.

**Artículo** 210. Los intendentes ceñirán su inspección al ramo de hacienda, y solo podrán administrar justicia en el caso de estar desembarazadas del enemigo las capitales de sus provincias, sujetándose a los términos de la antigua ordenanza que regía en la materia.

## Capítulo XVII. De las leyes que se han de observar en la Administración de Justicia

**Artículo** 211. Mientras que la Soberanía de la Nación forma el cuerpo de leyes, que han de sustituir a las antiguas, permanecerán éstas en todo su rigor, a excepción de las que por el presente, y otros decretos anteriores se hayan derogado, y de las que en adelante se derogaren.

## Capítulo XVIII. Del Tribunal de Residencia

**Artículo** 212. El Tribunal de Residencia se compondrá de siete jueces, que el Supremo Congreso ha de elegir por suerte de entre los individuos, que para este efecto se nombren uno por cada provincia.

**Artículo** 213. El nombramiento de estos individuos se hará por las Juntas provinciales, de que trata el capítulo VII, a otro día de haber elegido los diputados, guardando la forma que prescriben los **Artículos** 87, y 88; y remitiendo al Congreso testimonio del nombramiento, autorizado con la solemnidad que expresa el **Artículo** 90. Por las provincias en donde no se celebren dichas Juntas, el mismo Congreso nombrará por escrutinio, y a pluralidad absoluta de votos, los individuos correspondientes.

**Artículo** 214. Para obtener este nombramiento se requieren las calidades asignadas en el **Artículo** 52.

**Artículo** 215. La masa de estos individuos se renovará cada dos años, saliendo sucesivamente en la misma forma que los diputados del Congreso: y no podrán reelegirse ninguno de los que salgan, a menos que no hayan pasado dos años.

**Artículo** 216. Entre los individuos que se voten por la primera vez podrán tener lugar los diputados propietarios, que han cumplido el tiempo de su diputación; pero de ninguna manera podrán ser elegidos los que actualmente lo sean, o en adelante lo fueren, si no es habiendo corrido dos años después de concluidas sus funciones.

**Artículo** 217. Tampoco podrán ser nombrados los individuos de las otras dos supremas corporaciones, hasta que hayan pasado tres años después de su administración: ni pueden, en fin, concurrir en este tribunal dos o más parientes hasta el cuarto grado.

**Artículo** 218. Dos meses antes que estén para concluir alguno, o algunos de los funcionarios, cuya residencia toca a este tribunal, se sortearán los individuos que hayan de componerlo, y el Supremo Gobierno anunciará con anticipación estos sorteos, indicando los nombres y empleos de dichos funcionarios.

**Artículo** 219. Hecho el sorteo, se llamarán los individuos que salgan nombrados, para que sin excusa se presenten al Congreso antes que se cumpla el expresado término de dos meses: y si por alguna causa no ocurriere con oportunidad cualquiera de los llamados, procederá el Congreso a elegir sustituto, bajo la forma que se establece en el capítulo XI para la elección de los individuos del Supremo Gobierno.

**Artículo** 220. Cuando sea necesario organizar este tribunal; para que tome conocimiento de otras causas, que no sean de residencia, se hará oportunamente el sorteo, y los individuos que resulten nombrados se citarán con término más o menos breve, según lo exija la naturaleza de las mismas causas: y en caso de que no comparezcan al tiempo señalado, el Supremo Congreso nombrará sustitutos, con arreglo al **Artículo** antecedente.

**Artículo** 221. Estando juntos los individuos que han de componer este tribunal, otorgarán su juramento en manos del Congreso, bajo la fórmula contenida en el **Artículo** 155, y se tendrá por instalado el tribunal, a quien se dará tratamiento de Alteza.

**Artículo** 222. El mismo tribunal elegirá por suerte de entre sus individuos un presidente, que ha de ser igual a todos en autoridad, y permanecerá todo el tiempo que dure la corporación. Nombrará también por escrutinio, y a pluralidad absoluta de votos un fiscal, con el único encargo de formalizar las acusaciones, que se promuevan de oficio por el mismo tribunal.

**Artículo** 223. Al Supremo Congreso toca nombrar el correspondiente secretario: lo que hará por suerte entre tres individuos, que elija por escrutinio, y a pluralidad absoluta de votos.

## Capítulo XIX. De las funciones del Tribunal de Residencia

**Artículo** 224. El Tribunal de Residencia conocerá privativamente de las causas de esta especie pertenecientes a los individuos del Congreso, a los del Supremo Gobierno y a los del Supremo Tribunal de Justicia.

**Artículo** 225. Dentro del término perentorio de un mes después de erigido el Tribunal, se admitirán las acusaciones a que haya lugar contra los respectivos funcionarios, y pasado este tiempo, no se oirá ninguna; antes bien se darán aquéllos por absueltos, y se disolverá inmediatamente el tribunal, a no ser que haya pendiente otra causa de su inspección.

**Artículo** 226. Estos juicios de residencia deberán concluirse dentro de tres meses: y no concluyéndose en este término, se darán por absueltos los acusados. Exceptuándose las causas en que se admita recurso de suplicación, conforme al reglamento de la materia, que se dictará por separado; pues entonces se prorrogará a un mes más aquel término.

**Artículo** 227. Conocerá también el Tribunal de Residencia en las causas que se promuevan contra los individuos de las supremas corporaciones por los delitos indicados en el **Artículo** 59, a los cuales se agrega, por lo que toca a los individuos del Supremo Gobierno, la infracción del **Artículo** 166.

**Artículo** 228. En las causas que menciona el **Artículo** anterior se harán las acusaciones ante el Supremo Congreso, o el mismo Congreso las promoverá de oficio, y actuará todo lo conveniente, para declarar si ha, o no lugar a la formación de causa; y declarando que ha lugar, mandará suspender al acusado, y remitirá el expediente al Tribunal de Residencia, quien previa este declaración, y no de otro modo, formará la causa, la sustanciará, y sentenciará definitivamente con arreglo a las leyes.

**Artículo** 229. Las sentencias pronunciadas por el Tribunal de Residencia, se remitirán al Supremo Gobierno para que las publique, y haga ejecutar por medio del jefe, o tribunal a quien corresponda: y el proceso original se pasará al Congreso, en cuya secretaría quedará archivado.

**Artículo** 230. Podrán recusarse hasta dos jueces de este tribunal en los términos que se ha dicho del Supremo, de Justicia.

**Artículo** 231. Se disolverá el Tribunal de Residencia luego que haya sentenciado las causas que motiven su instalación, y las que sobrevinieren mientras exista; o en pasando el término que fijaren las leyes, según la naturaleza de los negocios.

## Capítulo XX. De la representación nacional

**Artículo** 232. El Supremo Congreso formará en el término de un año después de la próxima instalación del gobierno el plan conveniente para convocar la representación nacional bajo la base de la población, y con arreglo a los demás principios de derecho público, que variadas las circunstancias deben regir en la materia.

**Artículo** 233. Este plan se sancionará, y publicará, guardándose la forma que se ha prescrito para la sanción y promulgación de las leyes.

**Artículo** 234. El Supremo Gobierno, a quien toca publicarlo, convocará, según su tenor, la representación nacional, luego que estén completamente libres de enemigos las provincias siguientes: México, Puebla, Tlaxcala, Veracruz, Oaxaca, Tecpan, Michoacán, Querétaro, Guadalajara, Guanajuato, San Luis Potosí, Zacatecas y Durango, inclusos los puertos, barras y ensenadas, que se comprenden en los distritos de cada una de estas provincias.

**Artículo** 235. Instalada que sea la representación nacional, resignará en sus manos el Supremo Congreso las facultades soberanas que legítimamente deposita, y otorgando cada uno de sus miembros el juramento de obediencia y fidelidad, quedará disuelta este corporación.

**Artículo** 236. El Supremo Gobierno otorgará el mismo juramento, y hará que lo otorguen todas las autoridades militares, políticas y eclesiásticas, y todos los pueblos.

## Capítulo XXI. De la observancia de este Decreto

**Artículo** 237. Entretanto que la representación nacional de que trata el capítulo antecedente no fuere convocada, y siéndolo, no dictare y sancionare la Constitución permanente de la nación, se observará inviolablemente el tenor de este decreto, y no podrá proponerse alteración, adición, ni supresión de ninguno de los artículos, en que consiste esencialmente la forma de gobierno que prescribe. Cualquiera ciudadano tendrá derecho para reclamar las infracciones que notare.

**Artículo** 238. Pero bajo de la misma forma y principios establecidos podrá el Supremo Congreso, y aún será una de sus primarias atenciones, sancionar las leyes, que todavía se echan de menos en este decreto, singularmente las relativas a la Constitución militar.

## Capítulo XXII. De la sanción y promulgación de este Decreto

**Artículo** 239. El Supremo Congreso sancionará el presente DECRETO en sesión pública, con el aparato y demostraciones de solemnidad que corresponden a un acto tan augusto.

**Artículo** 240. En el primer día festivo que hubiere comodidad, se celebrará una misa solemne en acción de gracias, en que el cura u otro eclesiástico pronunciará un discurso alusivo al objeto, y acabada la misa, el presidente prestará en manos del decano bajo la fórmula conveniente el juramento de guardar, y hacer cumplir este DECRETO: lo mismo ejecutarán los demás diputados en manos del presidente, y se cantará el Te Deum.

**Artículo** 241. Procederá después el Congreso con la posible brevedad a la instalación de las supremas autoridades, que también ha de celebrarse dignamente.

**Artículo** 242. Se extenderá por duplicado este DECRETO, y firmados los dos originales por todos los diputados que estuvieren presentes, y los secretarios: el uno se remitirá al Supremo Gobierno para que lo publique y mande ejecutar, y el otro se archivará en la secretaría del Congreso.

Palacio nacional del Supremo Congreso Mexicano en Apatzingán, veintidós de octubre de mil ochocientos catorce. Año quinto de la independencia mexicana. José María Liceaga, diputado por Guanajuato, presidente. Dr. José Sixto Berduzco, diputado por Michoacán. José María Morelos, diputado por el Nuevo Reino de León. Lic. José Manuel de Herrera, diputado por Tecpan. Dr. José María Cos, diputado por Zacatecas. Lic. José Sotero de Castañeda, diputado por Durango. Lic. Cornelio Ortiz de Zárate, diputado por Tlaxcala. Lic. Manuel de Aldrete y Soria, diputado por Querétaro. Antonio José Moctezuma, diputado por Coahuila. Lic. José María Ponce de León, diputado por Sonora. Dr. Francisco Argándar, diputado por San Luis Potosí. Remigio de Yarza, secretario. Pedro José Bermeo, secretario.

Por tanto: para su puntual observancia publíquese, y circúlese a todos los tribunales, justicias, jefes, gobernadores, y demás autoridades así civiles como militares, y eclesiásticas de cualquiera clase y dignidad, para que guarden, y hagan guardar, cumplir y ejecutar el presente DECRETO constitucional en todas sus partes.

Palacio nacional del Supremo Gobierno Mexicano en Apatzingán, veinticuatro de octubre de mil ochocientos catorce. Año quinto de la independencia mexicana. José María Liceaga, diputado por Guanajuato, presidente. José María Morelos. Dr. José María Cos. Remigio de Yarza, secretario de gobierno.

**Nota**

Los Excelentísimos señores Lic. don Ignacio López Rayón, Lic. don Manuel Sabino Crespo, Lic. don Andrés Quintana, Lic. don Carlos María de Bustamante, don Antonio de Sesma, aunque contribuyeron con sus luces a la formación de este DECRETO, no pudieron firmarlo por estar ausentes al tiempo de la sanción, enfermos unos y otros empleados en diferentes asuntos del servicio de la patria. Yarza.

## Reglamento provisional político del Imperio mexicano de 1822

18 de diciembre de 1822

(Día 10 de enero)

Leída y aprobada la acta del día anterior, se dio cuenta con dos oficios de los secretarios del despacho de hacienda y guerra, escusados de asistir a la discusión del proyecto del reglamento político por indisposición de salud; con cuyo motivo se suscitó la duda de si debía esperárseles, y se resolvió por la negativa.

El Sr. López Plata hizo la siguiente proposición:

«Que ínterin dura la discusión del reglamento provisional, no tengan los señores diputados derecho para pedir que se pregunte si la materia está suficientemente discutida, sino que puedan libremente discurrir cuantos quieran tomar la palabra, para que cada **Artículo** se analice y liquide muy perfectamente».

No se admitió.

La comisión especial encargada de la formación del reglamento provisional, de Gobierno de Imperio a que se contraen los oficios del Ministerio de Relaciones de 25 del próximo pasado noviembre y 3 del corriente, ha extendido y presenta a la deliberación de la Junta Nacional el siguiente:

Proyecto de Reglamento provisional político del Imperio Mexicano

Porque la Constitución española es un código peculiar de la nación de que nos hemos emancipado; porque aun respecto de ella ha sido el origen y fomento de las horribles turbulencias y agitaciones políticas en que de presente se halla envuelta; porque la experiencia ha demostrado que sus disposiciones en general son inadaptables a nuestros intereses y costumbres, y especialmente, a nuestras circunstancias; y porque con tan sólidos fundamentos, el Emperador ha manifestado la urgentísima necesidad que tenemos de un reglamento propio para la administración, buen orden y seguridad interna y externa del Estado, mientras que se forma y sanciona la Constitución política que ha de ser la base fundamental de nuestra felicidad y la suma de nuestros derechos sociales. La Junta nacional instituyente acuerda sustituir a la expresada Constitución española el reglamento político que sigue:

**Sección primera. Disposiciones generales**

**Capítulo único**

**Artículo** 1. Desde la fecha en que se publique el presente reglamento, queda abolida la Constitución española en toda la extensión del imperio.

**Artículo** 2. Quedan, sin embargo, en su fuerza y vigor las leyes, órdenes y decretos promulgados anteriormente en el territorio del Imperio hasta el 24 de febrero de 1821, ¶en cuanto no pugnen con el presente reglamento, y con las leyes, órdenes y decretos expedidos, o que se expidieren en consecuencia de nuestra independencia.

Y porque entre las leyes dictadas por las partes españolas hay muchas tan inadaptables como la Constitución, que aquí sería embarazoso expresar, se nombrará una comisión de dentro y fuera de la Junta que las redacte, y haciendo sobre ellas las observaciones que le ocurran, las presente a la misma Junta o al futuro Congreso, para que se desechen las que se tengan por inoportunas.

**Artículo** 3. La nación mexicana, y todos los individuos que la forman y formarán en lo sucesivo, profesan la religión católica, apostólica, romana con exclusión de toda otra. El gobierno como protector de la misma religión la sostendrá contra sus enemigos. Reconocen, por consiguiente, la autoridad de la Santa Iglesia, su disciplina y disposiciones conciliares, sin perjuicio de las prerrogativas propias de la potestad suprema del Estado.

**Artículo** 4. El clero secular y regular, será conservado en todos sus fueros y preeminencias conforme al **Artículo** 14 del plan de Iguala. Por tanto, para que las órdenes de jesuitas y hospitalarios puedan llenar en procomunal los importantes fines de su institución, el Gobierno las restablecerá en aquellos lugares de Imperio en que estaban puestas, y en los demás en que sean convenientes, y los pueblos no lo repugnen con fundamento.

**Artículo** 5. La nación mexicana es libre, independiente y soberana: reconoce iguales derechos en las demás que habitan el globo; y su Gobierno es monárquico-constitucional representativo y hereditario, con el nombre de Imperio Mexicano.

**Artículo** 6. Es uno e indivisible, porque se rige por unas mismas leyes en toda la extensión de su territorio, para la paz y armonía de sus miembros que mutuamente deben auxiliarse, a fin de conspirar la común felicidad.

**Artículo** 7. Son mexicanos, sin distinción de origen, todos los habitantes del Imperio, que en consecuencia del glorioso grito de Iguala han reconocido la independencia; y los extranjeros que vinieren en lo sucesivo, desde que con conocimiento y aprobación del Gobierno se presenten al ayuntamiento del pueblo que elijan para su residencia y juren fidelidad al emperador y a las leyes.

**Artículo** 8. Los extranjeros que hagan, o hayan hecho servicios importantes al Imperio; los que puedan ser útiles por sus talentos, invenciones o industria, y los que formen grandes establecimientos, o adquieran propiedad territorial por la que paguen contribución al Estado, podrán ser admitidos al derecho de sufragio. El emperador concede este derecho, informado del ayuntamiento respectivo, del ministro de relaciones y oyendo al Consejo de Estado.

**Artículo** 9. El Gobierno mexicano tiene por objeto la conservación, tranquilidad y prosperidad del Estado y sus individuos, garantiendo los derechos de libertad, propiedad, seguridad, igualdad legal, y exigiendo el cumplimiento de los deberes recíprocos.

**Artículo** 10. La casa de todo ciudadano, es un asilo inviolable. No podrá ser allanada sin consentimiento del dueño, o de la persona que en el momento haga veces de tal, que no podrá negar la autoridad pública para el desempeño de sus oficios. Esto se entiende en los casos comunes; pero en los delitos de lesa-majestad divina y humana, o contra las garantías, y generalmente en todos aquellos en que el juez, bajo su responsabilidad, califique que la ligera tardanza que demandan estas contestaciones puede frustrar la diligencia, procederá al allanamiento del modo que estime más seguro, pero aun en esta calificación quedará sujeto a la misma responsabilidad.

**Artículo** 11. La libertad personal es igualmente respetada. Nadie puede ser preso ni arrestado, sino conforme a lo establecido por la ley anterior o en los casos señalados en este reglamento.

**Artículo** 12. La propiedad es inviolable, la seguridad, como resultado de ésta y de libertad.

**Artículo** 13. El Estado puede exigir el sacrificio de una propiedad particular para el interés común legalmente justificado; pero con la debida indemnización.

**Artículo** 14. La deuda pública queda garantizada. Toda especie de empeño o contrato entre el Gobierno y sus acreedores o interesados es inviolable.

**Artículo** 15. Todos los habitantes del Imperio deben contribuir en razón de sus proporciones, a cubrir las urgencias del Estado.

**Artículo** 16. Las diferentes clases del estado se conservan con sus respectivas distinciones, sin perjuicio de las cargas públicas, comunes a todo ciudadano. Las virtudes, servicios, talentos y aptitud, son los únicos medios que disponen para los empleos públicos de cualquier especie.

**Artículo** 17. Nada más conforme a los derechos del hombre, que la libertad de pensar y manifestar sus ideas: por tanto, así como se debe hacer un racional sacrificio de esta facultad, no atacando directa ni indirectamente, ni haciendo, sin previa censura, uso de la pluma en materias de religión y disciplina eclesiástica, monarquía moderada, persona del emperador, independencia y unión, como principios fundamentales, admitidos y jurados por toda la nación desde el pronunciamiento del plan de Iguala, así también en todo lo demás, el Gobierno debe proteger y protegerá sin excepción la libertad de pensar, escribir y expresar por la imprenta cualquier concepto o dictámenes, y empeña todo su poder y celo en alejar cuantos impedimentos puedan ofender este derecho que mira como sagrado.

**Artículo** 18. La censura en los escritos que traten de religión o disciplina eclesiástica toca al juez ordinario eclesiástico, que deberá darla dentro de veinticuatro horas, si el papel no llegare a tres pliegos, o dentro de seis días si pasare de ellos. Y si algún libro o papel sobre dichas materias se imprimiese sin la licencia indicada, podrá dicho juez eclesiástico recogerla y castigar al autor e impresor con arreglo a las leyes canónicas. En los demás puntos del **Artículo** anterior, la censura la hará cualquier juez de letras a quien se pida la licencia, en los mismos tiempos; pero bajo su responsabilidad, tanto al Gobierno, si fuere aprobatoria, como a la parte si fuere condenatoria.

**Artículo** 19. Como quiera que el ocultar el nombre en un escrito, es ya una presunción contra él, y las leyes han detestado siempre esta conducta, no se opone a la libertad de imprenta la obligación que tendrán todos los escritores de firmar sus producciones con expresión de fecha, lo que también es utilísimo a la nación, pues así no se darán a la faz de las naciones cultas.

**Artículo** 20. Se organizará a la fuerza política, hasta el Estado en que el Emperador la juzgue conveniente para la defensa y seguridad interna y externa.

**Artículo** 21. Ningún mexicano, excepto los eclesiásticos, pueden excusarse del servicio militar, siempre que la patria necesite de sus brazos para su defensa y conservación; pero en caso de impedimento justo, deberá dar un equivalente.

**Artículo** 22. La fuerza pública es esencialmente obediente.

**Artículo** 23. El sistema del Gobierno político del Imperio Mexicano, se compone de los Poderes Legislativo, Ejecutivo y Judicial, que son incompatibles en una misma persona o corporación.

### Sección segunda. De las elecciones

### Capítulo único

**Artículo** 21. Las elecciones de ayuntamientos para el año de 1823, se harán con arreglo al decreto de la Junta nacional instituyente de 13 del próximo pasado noviembre, y éstas y las de diputados y demás que deben hacerse en lo sucesivo, se sujetarán a la ley de elecciones que se está formando por la misma Junta, y circulará el gobierno oportunamente.

### Sección tercera. Del Poder Legislativo

### Capítulo único

**Artículo** 25. El Poder Legislativo reside ahora en la Junta nacional instituyente, que lo ejercerá de conformidad con el reglamento de 2 del pasado noviembre, cuyo tenor es el siguiente:

Bases orgánicas de la Junta nacional instituyente:

1. Tendrá la iniciativa de la Constitución que ha de formarse para el Imperio; y, en consecuencia, acordar el plan o proyecto de ella que le parezca más propio y conveniente a sus circunstancias para consolidar la forma de gobierno proclamado y establecido con arreglo a las bases adoptadas, ratificadas y juradas por toda la nación;

2. Acompañará al Proyecto de Constitución la correspondiente ley orgánica, que determine el modo con que se debe discutir, decretar y sancionar la misma Constitución, y satisfaga al interesante objeto de preservar los choques y razonamientos de los poderes legislativo y ejecutivo en este punto, para lo cual, procederá de acuerdo con el último;

3. Aunque en el Proyecto de Constitución se haya de comprender todo lo concerniente al sistema representativo, será objeto especial de la Junta formar la convocatoria para la inmediata representación nacional, prescribiendo las reglas que sean más justas y adaptables a las circunstancias del Imperio, y a la forma de su gobierno proclamado, establecido y jurado, y poniéndose para esto de acuerdo con el mismo gobierno, conforme a lo que en idéntico caso calificó la Junta provisional gubernativa, en cumplimiento de los **Artículos** respectivos del plan de Iguala y tratados de Córdoba: y lo que en esta forma se ordenare por la convocatoria, se observará indefectiblemente (por esta vez), a reserva de que en la Constitución se adopte o rectifique, según las luces de la experiencia;

4. Con toda la brevedad mayor posible procederá a organizar el plan de la hacienda pública, a fin de que haya el caudal necesario para su ejecución con los gastos nacionales y cubrir el considerable actual deficiente, poniéndose de acuerdo con el Poder Ejecutivo;

5. La Junta conservará para su representación nacional, el ejercicio del Poder Legislativo en todos los casos que, en concepto de no poderse reservar para que tengan la emanación y consecuencia que en todas las

leyes debe procurarse de la Constitución, proponga como urgentes el Poder Ejecutivo;

6. Para la discusión del Proyecto de Constitución, convocatoria de ella, reglamentos y demás leyes, se admitirán los oradores del Gobierno;

7. Por primera diligencia formará la Junta para su Gobierno interior un reglamento que sea propia dar el plan, orden y facilidad a todas sus operaciones y determinar los justos límites de la inviolabilidad de los diputados, contrayéndola precisamente a lo que se necesita para el libre ejercicio de sus funciones;

8. Publicará un manifiesto a la nación, inspirándole la confianza que pueda ofrecerle, por el celo y actividad de las grandes funciones de su encargo;

9. La Junta tendrá un presidente, dos vicepresidentes y cuatro secretarios;

10. Por esta vez, y hasta la formación y adopción del reglamento, en el que se tendrá presente la conveniencia de la perplejidad de estos oficios, para la uniforme expedición de los objetos de sus respectivas funciones, se me propondrán ternas para las elecciones de los individuos que hayan de desempeñarlos;

11. El tratamiento de la Junta será impersonal, el del presidente, de excelencia, y el de vocales, de señoría;

12. Los suplentes podrán ser elegidos para vicepresidentes y secretarios;

13. Si hubiere algunas actas del Congreso disuelto que no estén engrosadas ni autorizadas, la Junta subsanará este defecto por un acuerdo relativo a lo que quedó resuelto por el mismo Congreso, y comunicará al Gobierno su resolución para que haga las observaciones y réplicas que exige el interés de la causa pública;

14. Si se encontrare en la secretaría del Congreso, asuntos ajenos del conocimiento del Poder Legislativo, la Junta mandará se devuelvan a sus interesados, para que los giren por donde corresponda;

15. El comisionado que ha recibido los papeles de la secretaría del Congreso disuelto, los entregará a los secretarios de la Junta con los índices, y por el inventario correspondiente.

Palacio Imperial de México. 2 de noviembre de 1822, año segundo de la Independencia. Rubricado de la imperial ruano. José Manuel Herrera.

Leídas estas bases, añadió S. M., de palabra, la siguiente:

Los diputados suplentes asistirán a las sesiones de la Junta y tomarán parte en las discusiones; pero no tendrán voto sino cuando ocupen el lugar de los propietarios.

México, 5 de noviembre de 1822. Antonio de Mier, Diputado secretario.

**Artículo** 26. El futuro Congreso reasumirá el Poder Legislativo con arreglo a la ley de su convocatoria, y a la orgánica que se está formando para la discusión, sanción y promulgación de la Constitución.

**Artículo** 27. Los vocales de la Junta nacional instituyente son inviolables por las opiniones políticas que manifiesten en el ejercicio de sus funciones, y no podrán ser perseguidos por ellas en ningún tiempo, ni ante autoridad alguna.

**Artículo** 28. De las causas civiles o criminales que contra los expresados vocales se intentare durante su comisión, toca el conocimiento al Tribunal Supremo de Justicia.

## Sección cuarta. Del Poder Ejecutivo

## Capítulo primero. Del Emperador

**Artículo** 29. El Poder Ejecutivo reside exclusivamente en el Emperador, como Jefe Supremo del Estado. Su persona es sagrada e inviolable, y solo sus ministros son responsables de los actos de su gobierno, que autorizarán necesaria y respectivamente, para que tengan efecto.

**Artículo** 30. Toca al Emperador:

1. Proteger la religión católica, apostólica, romana, y disciplina eclesiástica, conforme al plan de Iguala;

2. Hacer cumplir la Ley, sancionarla, promulgarla;

3. Defender la patria, su independencia y unión, según el mismo plan;

4. Conservar el orden interior y la seguridad exterior, por todos los medios que en las circunstancias de la guerra, antes sorda, y en la actualidad ostensible con que temerariamente se nos ataca, estén a su discreción y puedan hacer sentir a los enemigos el poder de la nación, y la firmeza con que sostendrá sus derechos pronunciados, su gobierno establecido, y el rango a que se ha elevado;

5. Mandar las fuerzas de mar y tierra;

6. Declarar la guerra y hacer tratados de paz y alianza;

7. Dirigir las relaciones diplomáticas y de comercio con las demás naciones;

8. Formar los reglamentos, órdenes e instrucciones necesarias para la ejecución de las leyes y seguridad del Imperio;

9. Establecer conforme a la Ley, los tribunales que sean necesarios y nombrar los jueces a propuesta del Consejo de Estado;

10. Cuidar de que se administre pronta y cumplidamente la justicia;

11. Ejercer en su caso y en forma legal y canónica las funciones del patronato, debidas a la suprema dignidad del Estado;

12. Conceder pase o retener los decretos conciliares y bulas pontificias que contengan disposiciones generales oyendo al cuerpo legislativo, o hacer lo mismo, oyendo al Consejo de Estado cuando se versen sobre negocios particulares o gubernativos; o pasándolos cuando son contenciosos, al Tribunal Supremo de Justicia;

13. Proveer a todos los empleos civiles y militares;

14. Conceder toda clase de honores y distinciones;

15. Indultar a los delincuentes conforme a las leyes;

16. Cuidar de la fabricación de la moneda;

17. Decretar la inversión de los fondos destinados a cada uno de los ramos públicos;

18. Nombrar y separar libremente los ministros.

**Artículo** 31. No puede el Emperador:

1. Disolver la Junta nacional antes de la reunión del Congreso, ni embarazar sus sesiones;

2. No puede salir de las fronteras del Imperio sin consentimiento de la misma Junta;

3. No puede enajenar ni traspasar a otro la autoridad imperial;

4. No puede hacer alianza ofensiva ni tratado de comercio y de subsidios a favor de potencias extranjeras sin el consentimiento del cuerpo legislativo. El efecto de este **Artículo** se suspende hasta que la España reconozca nuestra independencia;

5. No puede ceder o enajenar el territorio o bienes nacionales;

6. No puede conceder privilegios exclusivos;

7. No puede privar a nadie de su libertad, siendo los ministros responsables de esta disposición, a menos que el bien y la seguridad del Estado exijan el arresto de alguna persona, en cuyo caso podrá el Emperador expedir órdenes al efecto, con tal, que dentro de quince días a lo más, la haga entregar a tribunal competente.

En caso de convulsiones intestinas, como las que actualmente asoman, se autoriza al Emperador, por el bien de la patria, con todo el poder de la ley, que se pondrá por apéndice a este reglamento.

**Capítulo segundo. De los Ministros**

**Artículo** 32. Habrá cuatro ministros por este orden:

1. Del interior y de relaciones exteriores;

2. De justicia y de negocios eclesiásticos;

3. De hacienda;

4. De guerra y marina.

Y además, un secretario de estampilla.

**Artículo** 33. Los ministros formarán los presupuestos, de gastos, que acordará la Junta, y le rendirán cuenta de los que hicieron.

## Capítulo tercero. De la Regencia

**Artículo** 34. Luego que el Emperador sancione el presente reglamento, nombrará con el mayor secreto, para el caso de su muerte, o de notoria impotencia física o moral, legalmente justificada, una regencia de uno a tres individuos de su alta confianza, igual número de suplentes. Estos nombramientos se guardarán en una cara de hierro de tres llaves, la que se meterá dentro de otra de la misma materia y con igual número de llaves distintas. Esta arca existirá siempre en el lugar que el Emperador designe, de que dará noticia a los tenedores de las llaves, que serán: de una de la arca interior, el Emperador mismo, de otra el decano del Consejo de Estado, y de la tercera el Presidente del Supremo Tribunal de Justicia. De las exteriores tendrá una el príncipe heredero, que ya pasa de los doce años de edad, y en su defecto el arzobispo de esta corte; otra el jefe político de la misma, y otra el confesor del emperador.

La impotencia se calificará por el cuerpo legislativo, oyendo previamente una comisión de nueve individuos de su seno, de los cuatro secretarios de Estado y del despacho, y de los dos consejeros que sigan en el orden de antigüedad al decano del de Estado. Las arcas se abrirán a su tiempo en presencia de una Junta presidida por el príncipe heredero, convocada por el ministerio de relaciones, y compuesta de una comisión del cuerpo legislativo, de los cuatro secretarios de Estado y del despacho, de los dos consejeros arriba dichos, y de los tenedores respectivos de las llaves de las arcas. Enseguida de este acto se reunirá la regencia sin pérdida de tiempo en el palacio imperial, y los individuos otorgarán ante el cuerpo legislativo el juramento siguiente:

«N. N. (aquí los nombres) juramos por Dios y por los Santos Evangelios, que defenderemos y conservaremos la religión, católica, apostólica, romana, y la disciplina eclesiástica sin permitir otra alguna en el Imperio; que seremos fieles al emperador; que guardaremos y haremos guardar el reglamento político y leyes de la monarquía mexicana, no mirando en cuanto hiciéremos sino al bien y provecho de ella; que no enajenaremos, cederemos ni desmembraremos parte alguna del Imperio; que no exigiremos jamás cantidad alguna de frutos, dinero ni otra cosa sino las que hubiere decretado el cuerpo legislativo; que no tomaremos jamás a nadie su propiedad; que respetaremos sobre todo la libertad política de la nación, y la personal de cada individuo; que cuando llegue el Emperador a ser mayor (en caso de impotencia se dirá que, cuando cese la imposibilidad del Emperador) le entregaremos el Gobierno del Imperio, bajo la pena, si un momento lo dilatamos, de ser habidos y tratados como traidores; y si en lo que hemos jurado o parte de ello, lo contrario hiciéremos, no debemos ser obedecidos, antes aquello en que contraviniéremos será nulo y de ningún valor. Así Dios nos ayude y sea en nuestra defensa; si no, nos lo demande».

**Artículo** 35. La regencia será presidida necesariamente por el príncipe heredero, aunque sin voto hasta la edad de dieciocho años, en que comienza a reinar; pero una vez instalada, ejercerá las funciones del Poder Ejecutivo, en cuanto no se le restrinja por las leyes, y encabezará sus providencias con el nombre de Emperador.

**Artículo** 36. Será tutor del Emperador menor la persona que hubiere nombrado en su testamento su difunto padre. Si no le hubiere nombrado, le nombrará la regencia. Y, a falta de ambos, le nombrará la Junta nacional o cuerpo legislativo.

**Artículo** 37. Ningún extranjero podrá ser tutor del Emperador menor, aunque tenga carta de naturaleza.

## Capítulo cuarto. Del Emperador menor y de la familia imperial

**Artículo** 38. El Emperador menor no puede contraer matrimonio, ni salir del Imperio, sin consentimiento del cuerpo legislativo, bajo la calidad de ser excluido del llamamiento a la Corona.

**Artículo** 39. De las partidas de bautismo, matrimonio y muerte de las personas de la familia imperial, se remitirá una copia auténtica a la Junta nacional.

**Artículo** 40. Ésta para el año de 1823, y el venidero Congreso para lo sucesivo, señalarán la dotación de la casa y personas de la familia imperial.

## Capítulo quinto. Del Consejo de Estado

**Artículo** 41. Subsistirá el actual Consejo de Estado en la forma, y con el número de individuos que lo estableció el Congreso, para dar dictamen al Emperador en los asuntos en que se lo pida; para hacerle por terna las propuestas de las plazas de judicatura, y para consultarle del mismo modo sobre la presentación beneficios eclesiásticos y obispados en su caso.

**Artículo** 42. En el de vacante, o vacantes de los consejeros actuales, y necesidad de su provisión, el gobierno pasará una lista de elegibles beneméritos de toda la extensión del Imperio al cuerpo legislativo. Éste formará y remitirá al Gobierno las ternas respectivas, y el Emperador nombrará indistintamente uno de los tres propuestos en ellas.

**Artículo** 43. Todos los arzobispos y obispos del Imperio, son consejeros honorarios de estado.

## Capítulo sexto. Del Gobierno supremo con relación a las provincias y pueblos del Imperio

**Artículo** 44. En cada capital de provincia, habrá un jefe superior político nombrado por el Emperador.

**Artículo** 45. Reside en el jefe político la autoridad superior de la provincia, que la ejercerá conforme a las leyes, instrucciones y reglamentos vigentes.

**Artículo** 46. Por ahora, y mientras la independencia nacional se halle amagada por enemigos exteriores, los mandos político y militar de las provincias, se reunirán en una sola persona.

**Artículo** 47. El Jefe Superior político se entenderá directa e inmediatamente con el Ministro del Interior, en cuanto concierna al gobierno político de la provincia de su mando.

**Artículo** 48. Hacer lo que prohíben, o no hacer lo que ordenan las leyes, es un delito. El jefe político, cuyo principal objeto es el sostén del orden social y de la tranquilidad pública, usará de todas sus facultades para prevenir el crimen y sostener la libertad, la propiedad y la seguridad individual.

**Artículo** 49. A objeto tan importante, podrá imponer penas correccionales en todos tos delitos que no induzcan pena infamante o aflictiva corporal, en cuyos casos entregará los reos al tribunal que designe la ley.

**Artículo** 50. Las penas correccionales se reducen a multas, arrestos y confiscación de efectos en contravención de la ley. Las multas en ningún caso pasarán de cien pesos, ni los arrestos de un mes.

**Artículo** 51. Si el jefe político tuviere noticia de que se trama alguna conspiración contra el Estado, procederá al arresto de los indiciados, y según el mérito de la instrucción sumaria, que formará con intervención de asesor, los pondrá en libertad o a disposición del tribunal competente, dentro de diez días a lo más.

**Artículo** 52. En los puertos de mar que no sean capitales de provincia, o en las cabeceras de partidos muy dilatados o poblados, podrá haber un jefe político subalterno al de la provincia. En las demás cabeceras o pueblos subalternos, el alcalde primer nombrado será el jefe político; pero en el caso de que habla el **Artículo** antecedente, los primeros alcaldes de pueblos subalternos, pasarán al conocimiento del jefe político de su partido, las causas o motivos que hayan provocado el arresto.

**Artículo** 53. En todos los casos que ocurren donde fuere necesaria la fuerza pública para el ejercicio de las autoridades políticas, los comandantes militares la presentarán inmediatamente bajo la responsabilidad de la autoridad que la exija.

**Artículo** 54. Los jefes políticos exigirán de los ayuntamientos el cumplimiento exacto de sus obligaciones, detalladas en la instrucción de 23 de junio de 1813, para el gobierno económico-político de las provincias, y vigilarán muy particularmente sobre la policía de la imprenta, y de las casas de prisión o de corrección; sobre la dedicación de todos a alguna ocupación o industria, extirpando la ociosidad, vagancia, mendicidad y juegos prohibidos; velarán sobre la introducción de personas extrañas y sospechosas sobre el respeto debido al culto y buenas costumbres; sobre la seguridad de los caminos y del comercio, sobre el porte de armas prohibidas, embriaguez, riñas, atropellamientos y tumultos; sobre la salubridad de las poblaciones, su limpieza y alumbrado; sobre el buen régimen de los establecimientos de beneficencia y educación; sobre el buen orden de los mercados, legitimidad de la moneda, peso, medida y calidad de las provisiones y generalmente sobre cuanto conduzca al fomento, comodidad y esplendor de los pueblos.

**Sección quinta. Del Poder Judicial**

**Capítulo primero. De los tribunales de primera y segunda instancia**

**Artículo** 55. La facultad de aplicar las leyes a los casos particulares que se controvierten en juicio, corresponde exclusivamente a los tribunales erigidos por ley.

**Artículo** 56. Ningún mexicano podrá ser juzgado en ningún caso por comisión alguna, sino por el tribunal correspondiente designado por leyes anteriores.

**Artículo** 57. Subsisten los juzgados y fueros militares y eclesiásticos, para los objetos de su atribución, como los peculiares de minería y de hacienda pública, que procederán como hasta aquí, según la ordenanza y leyes respectivas.

**Artículo** 58. Los consulados, mientras subsistan, solo deberán ejercer el oficio de jueces conciliadores en asuntos mercantiles; y podrán también hacer el de árbitros por convenio de las partes.

**Artículo** 59. En los juicios civiles particulares y en los criminales por delitos comunes serán juzgados los militares y eclesiásticos por sus respectivos jueces.

**Artículo** 60. En el delito de lesa-majestad humana, conjuración contra la patria, o forma de gobierno establecido, nadie goza de fuero privilegiado. Los militares quedan desaforados por el mismo hecho, y los eclesiásticos serán juzgados por las jurisdicciones secular y eclesiástica unidas, procurando todos los jueces abreviar sin omitir las formas y trámites del juicio.

**Artículo** 61. Para ser juez o magistrado se requiere en lo sucesivo, ser ciudadano del Imperio, de 30 años de edad, casado o viudo, no haber sido condenado por delito alguno, gozar buena reputación, luces, integridad para administrar justicia.

**Artículo** 62. Cualquier mexicano puede acusar el soborno, el cohecho, y el prevaricato de los magistrados y jueces.

**Artículo** 63. Los jueces o magistrados no podrán ser suspendidos de sus destinos, ya sean temporales o perpetuos, sino por acusación legítimamente probada, ni separados de ellos, sino por sentencia que cause ejecutoria.

**Artículo** 64. Si al Emperador se diese queja contra un magistrado, podrá formar expediente informativo y resultando fundada, suspenderle con dictamen del Consejo de Estado, remitiendo inmediatamente el proceso al Tribunal de Justicia, para que juzgue con arreglo a derecho.

**Artículo** 65. La justicia se administrará en nombre del Emperador, y en el mismo se encabezarán las ejecutorias y provisiones de los tribunales superiores.

**Artículo** 66. Para la pronta y fácil administración de justicia, en todos sus ramos, continuarán los alcaldes, los jueces de letras que puedan ser pagados cómodamente y las audiencias territoriales que están establecidas; y además podrá nombrar el gobierno otros jueces de letras, y establecer dos o tres audiencias nuevas, en aquellos lugares, en que a discreción del mismo gobierno se estimen oportunas, para evitar a las partes los perjuicios que hoy se experimentan por las enormes distancias en que se hallan las audiencias territoriales.

**Artículo** 67. Estas nuevas audiencias se compondrán de competente número de ministros, tendrán las mismas atribuciones que las actuales y las ejercerán en todo el territorio que se les designe por el gobierno.

**Artículo** 68. En todo pleito por grande que sea su interés, habrá tres instancias no más, y tres sentencias definitivas. Dos sentencias conformes de toda conformidad causan ejecutoria. Cuando la segunda revoca o altera la primera, ha lugar a suplicación que se interpondrá en el mismo tribunal; y no habiendo copia de ministros, para que otras distintas conozcan y juzguen de la tercera instancia, se instruirá esta ante los mismos que fallaron la segunda, y puesta en estado de sentencia, se remitirán los autos a la audiencia más cercana (citadas las partes y a costa del suplicante) para que con la sola vista de ellos, sin otro trámite, pronuncie la sentencia, contra la cual no habrá más recurso que el de nulidad para ante el Tribunal Supremo de Justicia.

**Artículo** 69. Así como se vayan instalando las nuevas audiencias, les pasarán las actuales los procesos civiles y criminales ante ellas pendientes, y que toquen al territorio que el Gobierno los haya demarcado.

**Artículo** 70. Todos los jueces y magistrados propietarios o suplentes, jurarán al ingreso en su destino ser fieles al Emperador, observar las leyes y administrar recta y pronta justicia.

**Artículo** 71. A toda demanda civil o criminal debe preceder la junta conciliatoria en los términos que hasta aquí se ha practicado. Y para que sea más eficaz tan interesante institución, se previene que los hombres buenos presentados por las partes, o no sean abogados, o si lo fueren, no se admitan después en el tribunal para defender a las mismas partes, en caso de seguir el pleito materia de la conciliación.

**Artículo** 72. Ningún mexicano podrá ser preso por queja de otro, sino cuando el delito merezca pena corporal y conste en el mismo acto, o el quejoso se obligue a probarlo dentro de seis días, y en su defecto a satisfacer al arrestado los atrasos y perjuicios que se le sigan de aquella providencia.

**Artículo** 73. En caso de denuncia, que el que la diere no se ofrezca a probar, el juez pesando atentamente las circunstancias de aquel y del denunciado, la gravedad y trascendencia del delito, y el fundamento de la denuncia, formará proceso instructivo. Si de este resulta semiplena prueba o vehemente sospecha, procederá al arresto; así como si obrando de oficio teme fundadamente que se fisgue el presunto reo antes de averiguar el hecho. En fragante todo delincuente debe ser preso y todos pueden arrestarle conduciéndole a la presencia del juez.

**Artículo** 74. Nunca será arrestado el que de fiador en los casos en que la ley no prohíbe admitir fianza, y este recurso quedará expedito para cualquier estado del proceso en que conste no haber lugar a la imposición de pena corporal.

**Artículo** 75. No se hará embargo de bienes, sino cuando el delito induzca responsabilidad pecuniaria y solo en proporción a la cantidad a que debe extenderse.

**Artículo** 76. Tampoco se podrá usar el del tormento en ningún caso, imponerse la pena de confiscación absoluta de bienes, ni la de infamia transmisible a la posteridad o familia del que la mereció.

**Artículo** 77. En todo lo relativo al orden, sustanciación y trámites del juicio (desde la conciliación en adelante) se arreglarán los alcaldes, jueces de letras y tribunales de segunda instancia a la ley de 9 de octubre de 1812, excepto la publicación que ordena el **Artículo** 16, Capítulo 2, en cuanto al examen de testigos, que se hará como se acostumbraba antes de dicha ley y sin ministrar a quien no sea parte legítima ni tenga interés en las causas, los testimonios de que habla el **Artículo** 23 del mismo Capítulo 2; tampoco conocerán las audiencias de las nulidades a que se refiere el **Artículo** 48 y siguientes del Capítulo 1, ni harán cosa alguna, aún conforme a la citada Ley, que sea contraria al sistema de independencia, gobierno establecido y leyes sancionadas por el mismo.

## Capítulo segundo. Del Supremo Tribunal de Justicia

**Artículo** 78. El Supremo Tribunal de Justicia residirá en la capital del Imperio; se compondrá por ahora de nueve ministros con renta cada uno de seis mil pesos anuales. El tratamiento de dicho Tribunal, será impersonal, y el de sus ministros de excelencia.

**Artículo** 79. Observará también este Tribunal en lo que le toca la citada ley de 9 de octubre, y además:

1. Dirimirá todas las competencias de las audiencias;

2. Juzgará a los Secretarios de Estado y el despacho, cuando por queja de parte se declare haber lugar a exigir la responsabilidad en la forma que se dirá después;

3. Conocerá de todas las causas de suspensión y separación de los Consejeros de Estado y los magistrados de las audiencias;

4. Juzgará los criminales de los Secretarios de Estado y del despacho, de los Consejeros de Estado, y de los magistrados de las audiencias, cuyo proceso instruirá el jefe político más inmediato para remitirlo a este Tribunal;

5. Igualmente conocerá de todas las causas criminales y civiles de los individuos del cuerpo legislativo por arreglo al **Artículo** 2 de este reglamento y con suplicación al mismo Tribunal;

6. Conocerá de la residencia de todo funcionario político sujeto a ella por las leyes; de todos los asuntos contenciosos de patronato imperial, y de todos los recursos de fuerza de los tribunales eclesiásticos superiores de la corte;

7. De los de nulidad que se interpongan contra sentencias pronunciadas en última instancia, para el preciso efecto de reponer el proceso, devolviéndolo, y de hacer efectiva la responsabilidad de los magistrados que la pronunciaron;

8. Oirá las dudas de los demás tribunales sobre la genuina inteligencia de alguna ley, consultando al Emperador con los fundamentos de que nazcan, para que provoque la conveniente declaración del Poder Legislativo;

9. Examinará las listas que le deben remitir las audiencias para promover la pronta administración de justicia, pasando copia de ellas al gobierno con las observaciones que estime convenientes, y disponiendo su publicación por la imprenta;

10. Cuando de orden del Emperador se proceda al arresto de alguno, en el caso que designa el **Artículo** 31 de este reglamento, y no se suelte ni entregue a tribunal competente en los quince días que allí mismo se expresa, podrá el arrestado ocurrir a este tribunal, que si calificare justo y conveniente tal arresto por el interés del estado, pronunciará el siguiente decreto: «Queda a esta parte salvo el segundo recurso en el término de la ley, y el arrestado podrá usar de él ante el mismo tribunal, si pasados quince días no se ha hecho la consignación a su juez respectivo»;

11. En este caso, o cuando en virtud del primer curso, el tribunal estime que la salud pública no exige la prisión, oficiará al ministro que comunicó la orden de arresto invitándole a la libertad o consignación del arrestado. Si el ministro no ejecuta uno u otro dentro de quince días, ni expone motivos justos de la demora, el tribunal dará segundo decreto en esta forma: «Hay vehementemente presunción de detención arbitraria contra el ministro N., Por la prisión de N., y desde este acto seguirá el propio tribunal en el conocimiento de la cansa de responsabilidad por los trámites señalados en las leyes, oyendo al ministro, a la parte y al fiscal, y determinando lo más conforme ajusticia».

**Artículo** 80. En caso de acusación o queja criminal contra individuos de este tribunal, se ocurrirá al Emperador, que dará orden de que se reúna luego otro tribunal compuesto del letrado de más edad que hubiere en el cuerpo legislativo: del consejero de estado, también letrado más antiguo; del regente o decano de la audiencia de esta corte; del rector del colegio de abogados, y del letrado de más edad que hubiere en la diputación provincial. Si no hay alguno, del catedrático jubilado o profesor de derecho más antiguo de la universidad de esta corte que no sea eclesiástico.

## Sección sexta. De la Hacienda Pública

## Capítulo único

**Artículo** 81. Los intendentes en las provincias, son exclusivamente los jefes de la hacienda pública, que dirigirán conforme a las ordenanzas y reglamentos vigentes, y se entenderán directa e indirectamente con el Ministro de Hacienda.

**Artículo** 82. Respecto de cajas, aduanas marítimas, interiores, correos, loterías, consulados y demás oficinas en que ingresen o se manejen caudales de la hacienda pública, los intendentes son jefes privativos en su provincia.

**Artículo** 83. También estarán a la mira de que los factores, administradores y demás empleados en la renta del tabaco, cumplan con los deberes de sus respectivos encargos; y vigilarán para que no distraigan los caudales que manejan a otros objetos, que los de su instituto, asistiendo en los primeros días del mes al corte de caja y razón de existencias que tengan aquellas oficinas; pero en la parte económica y directiva, solo tendrán conocimiento cuando los jefes principales de la renta necesiten de su autoridad.

**Artículo** 84. Los intendentes reunirán a su empleo el mando superior político de las provincias, por defecto del jefe político militar. También presidirán las diputaciones provinciales, por la no asistencia del jefe político a las mismas.

**Artículo** 85. Los intendentes gozarán de un sueldo fijo y de una cantidad determinada para gastos de su secretaria.

**Artículo** 86. Los intendentes enviarán al Gobierno supremo en el principio de cada mes un estado general del ingreso y egreso de las cajas de su provincia, para que se publique en la gaceta del propio Gobierno.

## Sección séptima. Del Gobierno particular de las provincias y pueblos, con relación al Supremo del Imperio

## Capítulo único. De los diputados provinciales, ayuntamientos y alcaldes

**Artículo** 87. Permanecerán las diputaciones provinciales con las atribuciones que hoy tienen, y que seguirán desempeñando con arreglo a la instrucción de 23 de junio de 1813.

**Artículo** 88. Se comunicarán con los ayuntamientos y pueblos del distrito de su inspección, y con el Gobierno supremo, necesariamente por conducto de su respectivo jefe político, excepto los casos en que tengan que dirigir contra el mismo alguna queja fundada.

**Artículo** 89. Ayudarán a los jefes políticos, cuan eficazmente puedan, en el cumplimiento de las obligaciones que se les han impuesto en el **Artículo** 45 y siguientes hasta el 54, y también a los intendentes en lo que respectivamente puedan auxiliarlos.

**Artículo** 90. No omitirán diligencia:

1. Para formar y remitir cuanto antes al Gobierno supremo el censo y estadística de su distrito;

2. Para extirpar la ociosidad y promover la instrucción, ocupación y moral pública;

3. Para formar de acuerdo con el jefe político, y enviar al Gobierno supremo para su aprobación planes juiciosos, según los cuales, pueda hacerse efectivo en plena propiedad, entre los ciudadanos indígenas y entre los beneméritos, industriosos, el repartimiento de tierras comunes o realengas, salvo los ejidos precisos a cada población.

**Artículo** 91. Subsistirán también con sus actuales atribuciones, y serán elegidos como se dijo en el **Artículo** 24, los ayuntamientos de las capitales de provincia, los de cabezas de partidos, y los de aquellas poblaciones considerables, en que a juicio de las diputaciones provinciales y jefes políticos superiores, haya competente número de sujetos idóneos, para alternar en los oficios de ayuntamiento, y llenar debidamente los objetos de su institución.

**Artículo** 92. En las poblaciones que carezcan de la idoneidad requerida, habrá, sin embargo, discreción de las mismas diputaciones y jefes políticos, uno o dos alcaldes; uno o dos regidores, y un síndico, elegidos a pluralidad de su vecindario.

**Artículo** 93. Los jefes políticos y diputaciones en cuanto reciban este reglamento, harán calificación y discernimiento de las poblaciones en que han de tener efecto los dos **Artículos** precedentes. Y los jefes políticos circular a sus órdenes para el caso a los subalternos de que se hablo en el **Artículo** 52.

**Artículo** 94. Las elecciones en los pueblos que hayan de tener dos alcaldes dos regidores y un síndico, se harán con asistencia del cura o su vicario, presididas por el jefe político subalterno, o por el regidor del ayuntamiento más inmediato que vaya en lugar de dicho jefe. Y las de los pueblos en que solo ha de haber un alcalde, un regidor y un síndico, serán presididas del propio modo, con asistencia del cura o su vicario, que certificarán la moralidad y aptitud de tos que pueden ser elegidos.

**Artículo** 95. Los alcaldes, regidores y síndicos de que hablan los precedentes **Artículos**, estarán sujetos a la inspección del jefe político subalterno más inmediato del propio partido, y a un reglamento provisional que les darán a consulta de las diputaciones provinciales los jefes políticos superiores, sin perjuicio de remitirlo al Gobierno supremo para su aprobación.

**Artículo** 96. Se adaptará dicho reglamento a la situación y circunstancias de cada pueblo, a fin de conservar en todos el orden público y promover el bien, autorizando a los alcaldes para conciliar desavenencias, despachar demandas de poca entidad, evitar desórdenes de toda especie, imponer arrestos y correcciones ligeras; y obligándolos a aprehender a los delincuentes y ponerlos a disposición del jefe político de su partido, o del juez de primera instancia más inmediato a quien toque conocer de esta especie de causas, como de las civiles de más entidad que los indicados alcaldes no hayan dirimido por sí, ni terminado por conciliación.

**Artículo** 97. Las diputaciones y jefes políticos acordarán también un reglamento análogo al indicado, para que no falte algún gobierno en las rancherías y haciendas.

**Artículo** 98. Y los jefes políticos superiores, a consulta de las diputaciones, demarcarán los límites y terrenos de la inspección de los ayuntamientos de las cabezas de provincias y de partido, de las poblaciones considerables en que subsistan dichos ayuntamientos en todas sus atribuciones, de los jefes políticos subalternos, y de los alcaldes de que habla el **Artículo** 92.

**Sección octava. De la instrucción y moral pública**

**Capítulo único**

**Artículo** 99. El Gobierno con el celo que demandan los primeros intereses de la nación, y con la energía que es propia de sus altas facultades expedirá reglamentos y órdenes oportunas conforme las leyes, para promover y hacer que los establecimientos de instrucción y moral pública existentes hoy, llenan los objetos de su institución, debida y provechosamente, en consonancia con el actual sistema político.

**Artículo** 100. El presente reglamento se pasará al Emperador para su sanción y promulgación.

México, diciembre 18 de 1822. Toribio González. Antonio J. Valdés. Ramón Martínez de los Ríos.

## Libros a la carta

A la carta es un servicio especializado para
empresas,
librerías,
bibliotecas,
editoriales
y centros de enseñanza;
y permite confeccionar libros que, por su formato y concepción, sirven a los propósitos más específicos de estas instituciones.

Las empresas nos encargan ediciones personalizadas para marketing editorial o para regalos institucionales. Y los interesados solicitan, a título personal, ediciones antiguas, o no disponibles en el mercado; y las acompañan con notas y comentarios críticos.

Las ediciones tienen como apoyo un libro de estilo con todo tipo de referencias sobre los criterios de tratamiento tipográfico aplicados a nuestros libros que puede ser consultado en Linkgua-ediciones.com.

Linkgua edita por encargo diferentes versiones de una misma obra con distintos tratamientos ortotipográficos (actualizaciones de carácter divulgativo de un clásico, o versiones estrictamente fieles a la edición original de referencia).

Este servicio de ediciones a la carta le permitirá, si usted se dedica a la enseñanza, tener una forma de hacer pública su interpretación de un texto y, sobre una versión digitalizada «base», usted podrá introducir interpretaciones del texto fuente. Es un tópico que los profesores denuncien en clase los desmanes de una edición, o vayan comentando errores de interpretación de un texto y esta es una solución útil a esa necesidad del mundo académico.

Asimismo publicamos de manera sistemática, en un mismo catálogo, tesis doctorales y actas de congresos académicos, que son distribuidas a través de nuestra Web.

El servicio de «libros a la carta» funciona de dos formas.

1. Tenemos un fondo de libros digitalizados que usted puede personalizar en tiradas de al menos cinco ejemplares. Estas personalizaciones pueden

ser de todo tipo: añadir notas de clase para uso de un grupo de estudiantes, introducir logos corporativos para uso con fines de marketing empresarial, etc. etc.

2. Buscamos libros descatalogados de otras editoriales y los reeditamos en tiradas cortas a petición de un cliente.

www.ingramcontent.com/pod-product-compliance
Lightning Source LLC
Chambersburg PA
CBHW022049190326
41520CB00008B/756